U0903352

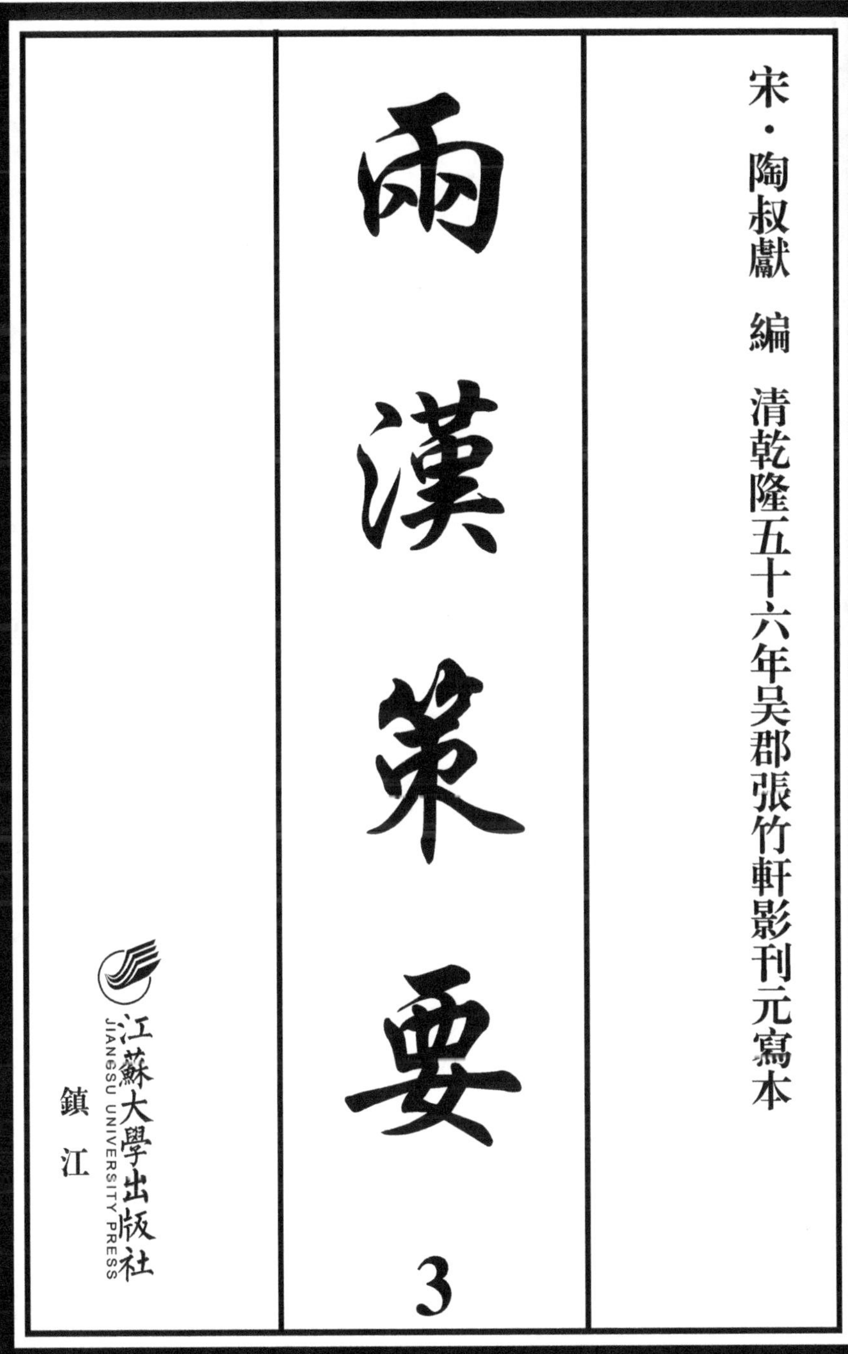

宋·陶叔獻 編

清乾隆五十六年吴郡張竹軒影刊元寫本

# 兩漢策要

3

江蘇大學出版社
JIANGSU UNIVERSITY PRESS
鎮江

## 第三册

# 兩漢策要卷之九

## 上災異䟽

襄楷 字公矩平原人也善天文陰陽之術桓帝延熹九年楷詣闕上䟽

按春秋以來及古帝王未有河清及學門自壞也臣以爲河者諸侯之位也清者屬陽濁者屬陰河當濁而

反清者陰欲為陽諸侯為帝也太學天子教化之宮其門無故自壞者言文德將喪教化廢也京房易傳曰河水清天下平今天垂異地吐妖人厲疫三者並時而有河清猶春秋麟不當見而見孔子書之以為異也

上時政封事

蔡邕 字伯喈陳留圉人靈帝時頻有雷霆疾風地震隕雹蝗邕乃言

臣聞天降災異緣象而至霹靂數發殆刑誅繁多之所生也風者天地之號令所以教人也夫昭事上帝則自懷多福宗廟致敬則鬼神以著國

之大事實先祀典天子聖躬所當恭事臣自在寀府及備朱衣迎氣祭官也五郊而車駕稀出四時至敬屢委有司雖有觧除猶爲䟽廢故皇天不悅顯此諸異洪範傳曰政悖德隱厥風發屋折木坤之地道易稱

安貞陰氣憤盛則當静反動法爲
下叛夫權不在上則傷物政有苛暴
則虎狼食人貪利傷民則蝗蟲損稼
臣聞國之將興至言數聞内知己政
外見民情是故先帝雖有聖明之
姿而猶廣求得失又因災異援引

幽隱重賢良方正敦朴有道之選危
言極諫不絕於朝陛下親政已來頻
年災異而未聞收[特]舉博選之旨誠
當思省述修舊事使抱忠之臣展其
狂直以解易傳政悖德隱之言

上功臣疏

杜詩 字君公光武時遷南陽太守求避功臣乃上斷疏

陛下正成天工克濟大業偃兵脩文群師反旅海内合和萬世蒙福天下幸甚雖匈奴未譬聖德威侮二垂陵虐中國邊民虛耗不能自守悉武猛之將雖勤亦未得解甲櫜弓也夫

勤而不息亦怨勞而不休亦怨怨恨
之師難復責功臣伏覩將師之情
功臣之望冀一休息於内郡然後即
我出命不敢有恨昔湯武善御衆
故無怨讟之師陛下起兵十有三年
將師和睦士卒皃瀁（和悅如皃戲瀁）今若使

公卿郡守出於軍壘則（將）帥自屬何者天下已安各重性命大臣以下咸懷樂土不辭其功而屬其用無以勸也聖王之政必因人心今猥用愚薄塞功臣之望誠非其宜

興儒學疏

樊準 字幼陵和帝時為郡功曹鄧太后臨朝儒學陵替準上疏

臣聞賈誼有言人君不可以不學故雖大舜聖德孳孳為善成王賢主崇明師傅及光武皇帝受命中興群雄崛擾旌旗亂野東西誅戰不遑啟處然猶投戈講藝息馬

論道至孝明皇帝兼天地之姿用日月之明庶政萬機無不簡心而要情古典游意經籍每饗射禮畢王坐自講諸儒並聽四方欣欣雖闕里之化矍相之事誠不足之言又多徵名儒充禮官詳覽羣言響如振

王朝者進而思政罷者退而備問小
大隨化雍雍可嘉斯門羽林介胄之
士悉通孝經今學者蓋少遠方尤
甚慱士倚席不講儒者競論浮
麗志蹇蹇之忠習讖讖之之〔踐踐音辭〕文吏則去
法律而學詆欺鋭錐刀之鋒斷刑

辟之重德陋俗薄以鈸苛刻普孝文竇后性好黃老而清淨之化流景武之間臣愚以為宜下明詔博求幽隱發揚巖穴寵進儒雅

諫起北宮疏

鍾離意 字子阿會稽山陰人也顯宗即位轉尚書僕射永平三

年夏旱而大起北宮意
遂乃詣闕免冠上疏云

伏見陛下以天時小旱憂念元元降避
正殿躬自克責而比日密雲遂無大潤
豈政有未得應天心者邪昔成湯
遭旱以六事自責曰政不節邪使人
疾邪宮室榮邪女謁盛邪苞苴行

邪讒夫昌邪竊見壯宮大作人失農
時此所謂宮室榮也自古非苦宮
室小狹但患人不安寧且宜罷止以
應天心臣意以匹夫之才無有行能
久食重祿擢備近臣比受厚賜喜
懼相半不勝愚戇征營罷當萬死

# 説廉丹辭

馮衍 字敬通京兆杜陵人也王莽遣廉丹伐山東衍説之

衍聞順而成者道之所大也逆而功者權之所貴也是故期於有成不問所由論於大體不守小節故易曰窮則變〻則通〻則久是以自天祐之吉無

不利且衍聞得（之）時無急張良以五世
相韓椎秦始皇於溥（博）浪之中勇貫
乎賁育名高乎太山將軍之先為漢
信臣新室之興英俊不附令海內潰亂
人懷漢德甚於詩人思召公也愛其
甘棠而況於子孫乎人所歌舞天必

從之方今為將軍計莫若屯據大
郡鎮撫吏士砥礪其節百里之內
牛酒日賜納雄桀之士詢忠智之謀
要將來之心待從橫之變興社稷之
利除萬人之害則福祿流於無
窮功烈著於不滅何與軍覆於

中原身膏於草野功敗名喪恥及
先祖哉聖人轉禍而為福智士因
敗而為功顧明公深計

復說丹辭

蓋聞明者見於無形智者慮於
未萌況其昭晢者乎凡患生於所

忽禍發於細微敗不可悔時不可
失公孫鞅曰有高人之行負非於世
有獨見之慮見贅於人故信庸庸
之論破金石之策襲當世之操失
高明之（德）論夫決者智之君也疑者事
之役也時不重至公勿再計

上自陳疏

臣伏念高祖之略而陳平之謀毀之則疏譽之則親以文帝之明而魏尚之忠繩之以法則爲罪施之以德則爲功逮至晚世董仲舒言道德見妬於公孫弘李廣奮節於匈奴見

排於衛青此忠臣之常所爲流涕也臣衍自惟微賤之臣上無無知之薦下無馮唐之說乏董生之才寡李廣之勢而欲免讒口濟慫嫵豈不難哉臣衍之先祖以忠正之故成私門之禍而臣衍復遭擾攘之時值

兵革之際不敢回行求時之利事君無傾邪之謀將帥無虜掠之心衛尉陰興敬慎周密內自修勑外遠嫌疑故敦與交通興知臣之貧數欲本業之臣自惟無三益之才不敢處三損之地固讓而不受之昔在更始

太原執貨財之柄居倉卒之間據位食祿二十餘年而財產歲狭居處日貧家無布帛之積年出無輿馬之飾於今遭清明之時飭躬力行之秋而怨讟叢興讒議橫出蓋富貴易爲善貧賤難爲工也疏遠擯斥之

臣無望高闕之下惶恐自陳以救
罪尤

薦謝夷吾文

班固 字孟堅夷吾字堯卿夷吾遷鉅鹿太守固薦之

臣聞堯登稷契政隆太平舜用皐
陶政致雍熙殷周雖有高宗昌發

之君猶賴傅說呂望之策故能克
崇其業允協大中竊見鉅鹿太守
會稽謝夷吾出自東州厥土塗泥
而英姿挺特奇偉秀出才兼四科
行包九德仁足濟時智周萬物加
以少膺儒雅韜合（含）六籍推考星度

綜校圖錄探賾聖祕觀變歷徵占
天知地與神合契擾其道德以經王
務著爲陪隸與臣從事奮忠毅之
操躬史魚之節董臣嚴綱勗臣奧
弱得以免戾實賴厥勳及其應選
作宰惠敷百里降福彌異流化若

神爰牧荊州威行邦國奉法作政有周召之風居儉履約紹公儀之操尋切簡能爲外臺之表聽聲察實爲九伯之冠遷守鉅鹿政合時雍德量績謀有伊霍管晏之任闡弘道輿同史蘇京房之論雖密勿在公

而身出心隱不循名以求譽不馳
騖以要寵念存遜遁演志箕山方
之古賢實爲倫序採之於今超然
絕俗誠社稷之元龜大漢之棟甍
宜當拔擢使登鼎司上令三辰順
軌於曆象下使五品咸訓於嘉時必

鉞休徵克昌之慶非徒循法奉職而已臣以頑駑器非其儔尸祿負乘夕惕若厲顧乞骸骨更授良吾上以光七曜之明下以厭率土之望

## 奏罷鴻都文學表

陽球 字方正靈帝時拜尚書令

臣聞傳曰君舉必書書而不法後
嗣何觀按松等皆出於徽蔑斗筲
小人依憑世戚附託權豪俛眉
承睫徼進明時或獻賦一篇或鳥
篆盈簡而位升郎中形圖丹青
亦有筆不點牘辭不辯心假手

請字妖僞百品莫不被蒙殊恩
蟬蛻滓濁是以有識掩口天下嗟
嘆臣聞圖象之設以昭勸戒欲令
人君動鑒得失未聞豎子小人詐
作文頌而可妄竊天官垂象圖素
者也~~夫~~今太學東觀足以宣明聖化

顧羅鴻都之選以清天下之謗

上陳政疏

呂強字漢盛少以宦者爲小黄門靈帝時例封宦者以强爲都鄉侯讓不敢當乃上疏

臣聞諸侯上象四七下列王土高祖重約非功臣不侯所以重天爵明勸戒

也伏聞中常侍曹節王甫張讓等及
侍中許相並爲列侯節等宦者祜薄品
卑人賤讒諂媚主佞邪徼寵放毒
人物疾妬忠良有趙高之禍未被轘
裂之誅掩朝廷之明成私樹之黨
而陛下不悟妄授茅土開國承家小

人是用又并及家人重金兼紫相繼
爲藩輔受國重恩不念爾祖聿脩
厥德而交結邪黨下比羣倖陛下
惑其瑣才特蒙恩澤又授位乖越
賢才不升素餐私倖必加榮擢陰
陽乖剌稼穡荒蕪人用不康國

不由茲令外戚四姓貴倖之家及中官公族無功德者造起館舍凡有萬數樓閣連接丹青素堊雕刻之飾不可單言喪葬踰制奢麗過禮競相放效莫肯矯拂至使禽獸食民之甘土木衣民之帛昔師

曠諫晉平公曰梁柱衣繡民無褐衣池有棄酒士有渴死廏馬秣粟民有飢色近臣不敢諫遠臣不得暢此之謂也又聞前召議郎蔡邕對問於金商門而令中常侍曹節王甫等以詔書喻旨邕不敢懷道

迷國而切言極對毀刺貴臣譏訶
竪宦陛下不伏其言至今宣露群
邪項領膏脣拭舌競欲咀嚼造
作飛條陛下回受誹謗致邕刑罪
室家徙放老幼流離豈不負忠
臣哉今羣臣皆以邕爲戒上畏不

測之難下懼斂容之害臣知朝廷不復得聞忠言矣

達旨辭

崔駰

字亭伯善屬文常以典籍為業未遑仕進之事時人或譏其太玄靜將以後名失實駰擬楊雄解嘲作達旨辭以荅焉

或說己曰今子韞櫝六經服膺道術

歷世而游高談有日俯鈎深乎重
淵仰探遠乎九乾窮至賾於幽微
測潛隱之無源然下不步鄉相之
庭上不登王公之門進不黨以讚已
退不黷於庸人獨師友道德合符
曩真抱景特立與上不群蓋高樹

靡陰獨木不林隨時之宜道貴不[從]凡
于時太上運天德以君世憲王僚而布
官臨雍泮以恢儒蹠軒[冕]以崇賢率
淳德以厲忠孝揚茂化以砥仁義
選利器於良材求鎭鄰於明智不
以此時攀台階闚紫闥據高軒望

朱闕夫欲千里而咫尺未發蒙竊惑焉荅曰古者陰陽始分天地初制皇綱玄緒帝紀乃設傳序歷數三代興滅昔大庭尚矣赫胥罔識淳朴散離人物錯乖高辛攸降厥趣各違道無常稽興時張弛失

仁為非得義為是君子通變各審所履故士或掩目而淵潛或盥耳而山棲或草耕而僅飽或木茹而長飢或重聘而不來或屢出[黜]而不去或冒詢（音后 詬也）以干進或望色而斯舉或以役夫發夢於王公或以漁父

見兆於元龜。若夫紛纕（音奴董切 盛也）塞路，凶虐播流，人有昬墊之厄，主有疇咨之憂，條垂藟蔓，上下相求，於是乎賢人授手，援世之災，跋涉赴俗，急斯時也。昔堯含感而臯陶謨，高祖歎而子房慮，禍不降而曹絳奮，結不

解而陳平權及其策合道（從）克亂弭衡

乃將鏤玄珪冊顯功銘昆吾之冶勒

景襄之鍾與其有事則褰裳濡足

冠挂不顧人溺不拯則非人（江）也當其

無事則躡纓整襟規矩其步德

讓不修則非忠也是以險則救俗平

則守禮舉以心不私其體令主
上之育斯人也撲以皇質鄙以唐
文六合恰〻比屋為仁壹天下之衆
異齋品類之萬殊參差同量琢
冶一陶羣生得理庶績其凝家〻
有以和樂人〻有以自優威械藏

而俎豆布六典陳而九刑厝濟兹兆
庶出於平易之路雖有力牧之略尚
父之屬伊臯不論奚事范蔡夫廣
廈成而茂木暢遠求存而良馬縶
陰事終而水宿藏場功畢而大火入
方斯之際處士山積學者川流衣裳

被宇冠蓋雲浮譬猶衡陽之林岱
陰之麓伐尋抱不爲之稀蓺拱把
不爲之數悠悠罔極亦各有得彼採
其華我收其實舍之則藏己所學
也子笑我之沉滯吾亦病子屑屑而
不已也固將因天質之自然誦上哲之

高訓詠太平之清風行天下之至順
懼吾躬之穢德勤百畝之不耘縶余
馬以安行俟性命之所存

上宜為章句學疏

徐防字謁卿沛國銍人和帝時拜司空防以五經久遠聖意難明宜為章句以悟後學

臣聞詩書禮樂定之自孔子發明章句始於子夏其後諸家分析各存（有）異說漢承亂秦經典廢絕本文略存或無章句收（拾）其缺遺建立明經博徵儒術開置太學孔子既遠微旨將絕故立博士十有四家設甲乙之科以勉

勸學者所以示人好惡改弊就善者也伏見太學試博士弟子皆以意說不修家法不依章句妄生穿鑿以遵師爲非義意說爲得理輕侮道術寖以成俗誠非詔書實選本意改薄從忠三世常道專精務本

儒學所先臣以為博士及明文策
試宜從其家章句開五十難以試之
解釋多者為上第引文明者為高
說若不依先師義有相伐者正以為
非五經各取上第六人論語不宜射
策雖所以失或以差可矯革

上輕侮法議

張敏 字伯達河閒人建初五年爲尚書時有人辱人父者其子殺之肅宗貰其死因定議爲輕侮法敏駮之

臣伏見孔子垂經典皋陶造法律原其本意皆欲禁民爲非也未曉輕侮之法將以何禁必不能使不相

輕侮而吏開相殺之路執憲之吏
復容其姦枉議者或有平法當
先論生臣愚以為天地之性人為
貴殺人者死三代通制今欲趣生反
開殺路一人不死天下受斃記曰利
一人害百人去城郭夫春生秋殺天

道之常春一物枯即爲災秋一物華則爲異王者承天地順四時法聖人從經律顧陛下留意天下幸甚

## 駮察舉限年議

胡廣 字伯始南郡華容人也順帝時爲尚書僕射時尚書令左雄改察

舉之制限年四十以上儒者試經

學文吏試章奏廣與尚書郭

虔史敞駁之

臣聞君以兼覽博照為德臣以獻

可替否為忠書載稽疑謀及卿士

詩美先人詢于芻蕘國有大政必

議之於前訓咨之於故老是以慮

無失策舉無過事竊見尚書令
左雄議郡舉孝廉皆限年四十
以上諸生試章句文吏試牋奏明
詔既許復令臣等得與相參竊惟
王命之重載在篇典當令縣於日
月固於金石遺則百王施之萬世詩

云天難諶斯不易惟王可不慎與

蓋制選注舉因寸無拘定制六奇之策不

出經學鄭阿之政非必章奏子產相鄭晏子仕東阿也

甘奇顯用年乎強仕終賈揚聲

亦在弱冠漢承周秦兼覽殷夏

祖德師經參雜霸軌聖上注賢臣

世以致理貢舉之制莫盛國華今
以一臣之言劉廢舊章便利未明
衆心不厭矯枉變常政之所重事而
不訪合司不謀卿士若事下之後議
者剝異之則朝失其便同之則王
言已行臣愚以為可宣下百官參其

同異

薦胡廣疏

史敞（陳留郡缺職尚書史敞薦廣焉）

臣聞德以旌賢爵以建事明試以功典謨所美五服五章天秩所柞（作）是以臣竭其忠君豐其寵舉不失德

下忘其死竊見尚書僕射胡廣體
直履規謙虛溫雅博物洽聞探
賾窮理六經典與舊章憲式無
所不覽柔而不犯文而有禮忠正
之性憂公如家不矜其能不伐其
勞翼翼周慎行靡玷漏密勿夙夜

十有餘年心不外顧志不茍進宜
試職千里匡寧萬國陳留近郡令
太守任鈇廣才略深茂堪能撥煩
願以參選綱紀頹俗使束脩守善
有所勸仰

大臣行三年之喪疏

陳忠 字伯始永初中權拜尚書 元初三年有詔大臣得行三年喪服闋還職忠上言孝宣令人從軍及給事縣官者大父母死未滿三月勿徭令葬送請依此制

高祖受命蕭何創制大臣有寧告之科合於致憂之義建武之初新承大亂凡諸國政多趣簡易大臣既不

淂告寧而羣司營祿念私鮮循三年之喪以報顧復之恩者禮義之方實爲彫損大漢之興雖承衰敝而先王之制稍以施行故籍田之耕起於孝文孝廉之貢發於孝武郊祀之禮定於元成三雍之序備於顯宗大臣

終喪成乎陛下聖功美業靡以尚茲蓋子有言老吾老以及人之老幼吾幼以及人之幼天下可運於掌臣願陛下登高北望以甘陵之思揆度臣子之心則海內咸得其所甘陵安帝母陵

改鑄大錢議

劉陶 字子奇桓帝時游太學議者言人以貨輕錢薄故致貧困宜改鑄大錢陶上疏

夫生養之道先食後民是以觀象育物敬授民時使男不逋畝女不機故君臣之道王路之教通由是言之食者乃有國之所寶生民之至貴也

竊見比年以來良苗盡於蝗螟之口
杼軸空於公私之求所急朝夕之飡
所患靡鹽之事豈為錢貨之厚
薄銖兩之輕重哉就使當今沙礫化
為南金瓦石變為和玉使百姓渴
無所飲飢無所食雖皇羲之純

德唐虞之文明猶不能以保蕭墻之内也蓋民可百年無貨不可一朝有飢故食爲至急也議者不達農殖之本多言鑄冶之便蓋萬人鑄之一人奪之猶不能給况今一人鑄之則萬人奪之乎雖以陰陽爲炭

萬物為銅役不食之民使不飢之
士猶不能足無厭之求也夫欲民
殷財阜要在止役禁奪則百姓
不勞而足之陛下聖德懸海內之憂
慼傷天下之艱難欲鑄錢齊貨
以救其敝此猶養魚沸鼎之中

棲鳥烈火之上水木本魚鳥之所生也用之不時必至焦爛頤陛下寬鍥薄之禁後治鑄之議聽民庶之謠吟問路叟之所憂瞰三光之文耀視山河之分流天下之心國家大事粲然皆見無有疑惑

者矣臣嘗誦詩至於鴻鴈于野之勞衰勤百堵之事每喟爾長懷中篇而歎近聽征夫飢勞之聲甚於斯歌是以追悟匹婦吟魯之憂始於此乎見白駒之意屛營傍徨不能監寐辛有役夫窮匠起於版

築之間投斤攘臂登高遠呼使
愁怨之民響應雲合八方分崩
中夏魚潰雖方尺之錢何能有
救其危猶舉函牛之鼎絓纖枯之
末詩人所以眷然顧之潸然出涕
者也

## 諫設法豪右奏記

張敞王暢字叔茂拜南陽太守下車奮厲威猛豪黨有釁莫不糾發會赦放者更為設法若其隱伏使吏發屋伐樹堙井夷竈豪右大震功曹張敞諫之

五教在寬著之經典湯去三面八方歸仁武王入殷先去炮烙之刑高祖鑒秦唯定三章之法孝文

皇帝感一緹縈蠲除肉刑卓茂
文翁召父之徒皆深疾嚴刻務崇
温厚仁賢之政流聞後世夫明哲
之君綱漏吞（舟）之魚然後三光明於上
人物悦於下言之若迂其効甚近
蕟屋伐樹將爲嚴烈雖以（欲）懲惡

難以聞遠以明府上智之才日月之
耀數仁惠之政則海内改觀實有
折枝之易而無挾山之難愚以為
懇懇用刑不如行惠孳孳求姦不
若禮賢舜舉臯陶不仁者遠隨
會為政晉盜奔秦虞芮入境讓

心自生化人在德不在用刑

兩漢策要卷之九

吴門近文齋穆氏局刻

# 兩漢筞要卷之十

毛晉之印 毛氏子晉 景陵周氏九松迂叟藏書記 周印良金

## 封事

### 馬嚴

字威卿肅宗即位徵拜御史中丞其冬有日蝕之災嚴上封事

臣聞日者衆陽之長食者陰侵之徵書曰無曠庶官天工人其代之言王者代天官人也故考績黜陟以明

褒貶無功不黜則陰盛侵陽臣伏見方今刺史太守專州典郡不務奉事盡心爲國而司察偏阿取與自己同則舉爲尤異則中以刑法不即垂頭塞耳採求財賂人選舉不實曾無貶坐是使臣下得作

威福也故事州郡所舉上奏司直察能(否)以懲虛實今宜加防檢式遵前制舊丞相御史親治職事唯丙吉以年老優游不按吏罪於是宰府習為常俗更共圖養以崇虛名或未曉其職便復遷徙誠非違(建)官

賦祿之意宜勅正百司各責其事州郡所舉必得其人若不如言裁以法令傳曰上德以寬服民其次莫如猛故火烈則人望而畏之水懦則人狎而翫之為政者寬以濟猛猛以濟寬如此綏御有體災眚消矣

# 諫擊匈奴疏

魯恭 字仲康和帝初議遣車騎將軍竇憲與征西將軍耿秉擊匈奴

萬民者天之所生天愛其所生猶父母愛其子一物有不得其所者則天氣爲之舛錯況於人乎故愛人者必有天報昔太王重人命而去邠故

獲上天之祐夫戎狄者四方之異氣也
蹲夷踞肆與鳥獸無別若雜居
中國則錯亂天氣汚辱善人是以
聖王之制羈縻而不絕今邊境無
事宜當脩仁行義尚於無爲令
家給人足之安業樂産夫人道又於

下則陰陽和於上祥風時雨覆被
遠方夷狄重譯而至矣易曰有孚盈
缶終来有它吉言甘雨滿我之缶
誠来有我而吉已夫以德勝人者昌
以力勝人者亡惟陛下留聖恩休罷
士卒以順天心

## 儒學疏

### 魯丕

字叔陵侍中賈逵薦丕道藝深明宜見任用和帝因朝會召見諸儒丕與侍中賈逵尚書令黄香等相難數事帝善丕說

臣聞說經者傳先師之言非從己出不得相讓相讓則道不明若規矩權衡之不可枉也難者必明其據說者務

立其義浮華無用之言不陳於前

故精思不勞而道術愈章法異

者各令自說師法博觀其義覽詩

人之旨意察雅頌之終始明舜禹

皐陶之相戒顯周公箕子之所陳

觀乎人文化成天下陛下廣納謇謇

以開四聰無令芻蕘以言得罪既顯巖穴以求仁賢無使幽遠獨有遺失十三年遷爲侍中

## 肉刑議

### 杜林

字伯山扶風茂陵人也建武十四年羣臣上言古者肉刑嚴重則人畏法令令憲律輕薄故姦宄不勝宜增科禁以防其源詔下公

卿林於是奏議

夫人情挫辱則節義之風損法防嚴多則苟免之行興孔子曰道之以政齊之以刑民免而無恥道之以德齊之以禮有恥且格古之明王深識遠慮動居其厚不務多辟周之五

刑不過三千大漢初興詳覽得失故破矩為圓斲彫為樸蠲除苛政更立疏網海内歡欣人懷寬德及至其後漸以滋章吹毛索疵詆欺無限果桃菜茹之饋集以成臧小事無妨於義以為大戮故國無廉士家無

完行至於法不能禁令不能止上下相遁爲欺彌深臣愚以爲宜如舊制不合翻移帝從之

## 諫疏

### 陸康

字季寧吳郡人靈帝欲鑄銅人而國用不足乃詔調民田畝斂十錢而比水旱傷農百姓貧苦康上疏諫

臣聞先王治世貴在愛民省徭輕賦以寧天下除煩就約以崇簡易故萬姓從化萬靈應德末世衰主窮奢極侈造作無端興制非一勞割自下以從苟欲故黎民吁嗟陰陽感動陛下聖德承天當隆

感化而卒被詔書畝斂田錢鑄作
銅人伏讀惆悵悼心失圖夫什一而
稅周謂之徹徹者通也言其法度
可通萬世而行也故魯宣稅畝而
蝝音緣蝗子災自生哀公增賦而孔子非之
豈有聚奪民物以營無用之銅人

捐舍聖戒自蹈亡主[汪]之法哉傳曰君舉必書書而不法後世何述焉陛下宜留神省察改敎從善以塞兆民怨恨之望

日食疏

朱浮 字叔元沛國蕭人也光武以二千石長吏多不勝任時有纖微之過者必

見斥罷交易紛擾百姓不寧六年有
日食之異浮上疏

臣聞日者衆陽之所宗君上之位也凡居官治民據郡典縣皆為陽為上為尊為長若陽不上明尊長不足之則干動三光垂示王者五典紀國家之政洪範別偽異之文皆宣

明天道以徵來事者也陛下哀愍海

内新離禍毒保有生人使得蘇息

而今收〔牧〕人之吏多未稱職小違理實

輒見斥罷豈不粲然黑白分明哉

然以堯舜之盛猶加三考大漢之興

亦累功效吏皆積久養老於官至

名子孫因為氏姓當時吏職何能
悉理論議之徒豈不諠譁蓋以為
天地之功不可倉卒艱難之業當累
日也涓而間者守宰數見換易迎新
相代疲勞道路尋其視事日淺未
足昭見其職既加嚴切人不自保各

相顧望無自安之心有司或因睚眦
以騁私怨苟求長短求媚上意二千
石及長吏迫於舉劾懼於刺譏故
爭飾詐僞以希虛譽斯皆羣陽騷
動日月失行之應夫物暴長者必夭
折功卒成者必亟壞如摧長久之業

而造速成之功非陛下之福也天下非一時之用也海内非一旦之功也願陛下游意於經年之外望化於一世之後天下幸甚帝下其議自是牧守易代頗簡又曰夫事積久則吏自重吏安則人自靜傳曰五年再閏天道

乃備夫以天地之靈猶五載以成其化況人道哉臣浮愚戇不勝惓惓願陛下留心千里之任省察偏言之奏

七年轉太僕

## 禘祫議

張純 字伯仁建武二十六年詔純曰禘祫之祭不行已久宜據經典詳為其制

禮三年一祫五年一禘春秋傳曰大祫者何合祭也毀廟及未毀廟之主皆登合食乎太祖五年而再殷殷盛也漢舊制三年一祫毀廟主合食高廟存廟主未嘗合祭元始五年諸王公列侯廟會始為禘祭又前十八年親

幸長安亦行此禮禮說三年一閏天氣小備五年再閏天氣大備故三年一祫五年一禘禘之為言諦諦定昭穆尊卑之義也祫祭以冬十月冬者五穀成熟物備禮成故合聚飲食也斯典之廢於茲八年謂可如禮施

行以時定之議帝從之自是禘祫遂定

又封禪疏

自古受命而帝治世之隆必有封禪以

告成功焉樂動聲儀曰以雅治人風

成於頌有周之盛成康之間郊祀封

禪皆可見也書曰歲二月東廵狩至于

岱宗則封禪之義也臣伏見陛下受
中興之命平海內之亂修復祖宗撫
存萬姓天下曠然咸蒙更生恩德
雲行惠澤雨施黎元安寧夷狄慕
義詩云受天之祜四方來賀今攝提
之歲倉（滄）龍甲寅德任（[illegible]）東宮宜乃（汲）嘉

時遵唐帝之典繼孝武之業以二月東巡狩封于岱宗明中興勒功勳復祖統報天神禪梁甫祀地祇傳祚子孫萬世之基也中元元年帝乃東巡岱宗以純視御史大夫從

禮樂議

張奮 字穉通

聖人所美政道至要本在禮樂五經同歸而禮樂之用尤急孔子曰安上治民莫善於禮移風易俗莫善於樂又曰揖讓而化天下者禮樂之謂也先王之道禮樂可謂盛矣孔子

謂子夏曰禮以脩外樂以制內其已
矣夫又曰禮樂不興則刑罰不中刑
罰不中則民無所措手足臣以為漢
當制作禮樂是以先帝聖德數下
詔書愍傷崩缺而衆儒不達議多
駮異臣累世台輔而大興洪典未定私竊

惟憂不忘寢食臣犬馬齒盡誠冀先死見禮樂之定謹條禮樂異議三事願下有司以時考定昔孝武皇帝光武皇帝封禪告成而禮樂不定事不相副先帝已詔曹褒令陛下但奉而成之猶周公斟酌文武之道

非自為制誠無所疑久執謙謙令大漢之業不以時成非所以章顯祖宗功德建太平之基為後世法帝雖善之猶未施行

## 日食疏

**鄭興** 字少贛建武四年三月晦日食興乃上疏

春秋以天反時為災地反物為妖人反德為亂亂則妖災生往年已來讁咎連見意者執事頗有闕焉按春秋昭公十七年夏六月甲戌日有食之傳曰日過分而未至三辰有災於是百官降物素服也君不舉不舉盛饌辟移

時樂用鼓祝用幣史用辭今蓋夏
純乾用事陰氣未作其災尤重夫
國無善政則謫見日月變咎之來
不可不慎其要在因人之心擇人處
位堯知鯀不可用而用之者是屈己
之明因人之心也齋桓反正而相管仲

晋文歸國而任郄縠者是不私其私
擇人處位也今公卿大夫多舉漁陽
太守郭伋可大司空者而不以時定
道路流言咸曰朝廷欲用功臣功臣
用則人位謬矣願陛下上師唐虞
下覽齊晋以成屈己從衆之德以

慈父之於孝子也丁寧申戒欲其反政故災變仍見此乃國之福也今陛下高明而羣臣惶促宜留思柔克之政垂意洪範之法博採廣謀納羣下之策書奏多有所納

立博士疏

濟羣臣讓善之功夫日月交會數應在朔而頃年日食每多在晦先時而合皆月行疾也日君象而月臣象君亢急則臣下促迫故行疾也今年正月繁霜自爾已來率多寒日此亦急咎之罰天於聖賢之君猶

范升

臣聞主不稽古無以承天臣不述舊無以奉君陛下愍學微缺勞心經藝情存博聞故異端競進近有司請置京氏易博士羣下執事莫能據正京氏既立費氏怨望左氏春秋

復以比類亦希置立京費已行次復
高氏春秋之家又有騶夾如今左氏
費氏得置博士高氏騶夾五經奇異
並復求立各有所執乖戾分爭從
之則失道不從則失人將恐陛下必
有厭倦之聽孔子曰博學而約之

弗叛矣夫夫學而不約必叛道顏淵
曰博我以文約我以禮孔子可謂知教
顏淵可謂善學矣老子曰學道日損
損猶約也又曰絕學無憂絕末學也
今費左二學無有本師而多反異先
帝前世有疑於此故京氏雖立輒復

見廢疑道不可由疑事不可行詩
書之作其來已久孔子尚周流游觀
至于知命自衛反魯乃正雅頌傳曰
聞疑傳疑聞信傳信而堯舜之道
存願陛下疑先帝之所疑信先帝之
所信以示反本明不專已天下之事所以

異者以不一本也易曰天下之動正夫一也又曰正其本萬事理五經之本自孔子始書謹奏條左氏之失凡十四事

立左傳博士疏

陳元字長孫建武初元與桓譚杜林鄭興俱為學者所宗時議欲立左傳博士范升奏以為左氏淺末不宜立元聞之乃詣闕上疏

陛下撥亂反正文武並用深愍經藝
謬雜真僞錯亂每臨朝日輒延羣
臣講論聖道知邱明至賢親受孔子
而公羊穀梁傳聞於後世故詔立左
氏博詢可否示不專己盡之羣下也
今論者沉溺所習翫守舊聞固執虛

言傳受之辭以非親見實事之道左氏孤學少與遂為異家之所覆冒夫至音不合衆聽故伯牙絕弦至寶不同衆好故卞和泣玉仲尼聖德而不容於世況於竹帛餘文其為雷同者所排固其宜也非陛下至明孰能察

之臣元竊見博士范升等所議奏左氏春秋不可立及太史公違戾凡四十五事按升等所言前後相違皆斷截小文媟黷微辭以年數小差掇為巨謬遺脫纖微指為大尤抉摘釁掩其弘美所謂小辯破言小言破

道者也升等又曰先帝不以左氏為
經故不置博士後主所宜因襲臣愚
以為若先帝所行而後主必行者則
盤庚不當遷于殷周公不當營洛邑
陛下不當都山東也往者孝武皇帝
好公羊衛太子好穀梁有詔詔太子

受公羊不得受穀梁孝宣皇帝在民間時聞衛太子好穀梁於是獨學之及即位為石渠論而穀梁氏興至今與公羊並存此先帝後帝各有所立不必相因也孔子曰純儉吾從衆至於拜下則違之夫明者獨見不惑於

朱紫聰者獨聞不謬於清濁故離
婁不為巧眩移目師曠不為新聲
易耳方今干戈少弭戎事略戢留
意聖藝眷顧儒雅採孔子拜下之
義卒淵聖獨見之旨分明黑白建
立左氏解釋先聖之積結洮汰學者

之累惑使基業垂於萬世後進
無復狐疑則天下幸甚臣元愚
鄙嘗傳師言如得褐衣召見俯
伏庭下誦孔氏之正道理邱明之宿
冤若辭不合經事不稽古退就重
誅雖死之日猶生之年帝辛立左氏

條左氏傳大義疏

賈逵字景伯肅宗立降意儒術特好古文尚書左氏傳建初元年詔逵入講北宮白虎觀南宮雲臺帝善逵說使發出左傳大義長於二傳者逵條奏之

臣謹擿出左氏三十事尤明著者斯皆君臣之正義父子之紀綱其餘同公羊者什有七八或文簡小

異無害大體至如祭仲紀季伍子
胥叔術之屬左氏義深於君父公
羊多任於權變其相殊絶固已
甚遠而冤抑積久莫肯分明臣以
永平中上言左氏與圖讖合者先
帝不遺芻蕘省納臣言寫其傳

詁藏之祕書逮平中侍中劉歆欲立左氏不先暴論大義而輕移太常恃其義長詆挫諸儒諸儒內懷不服相與排之孝哀皇帝重逆衆心故出歆爲河內太守從是攻擊左氏遂爲重讎至光武皇帝奮獨

見之明興立左氏穀梁會二家先儒
不曉圖讖故令中道而廢凡所以存
先王之道者要在安上理民也今左
氏崇君父卑臣子彊榦弱枝勸善
戒惡至明至切至直至順且三代異
物損益隨時故先帝博觀異家各

有所採易有施盖復立梁邱尚書歐陽復有大小夏侯今三傳之異亦猶是也又五經家皆無以證圖讖明劉氏為堯後者而左氏獨有明文五經家皆言顓頊代黃帝而堯不得為火德左氏以為少昊代黃帝

即圖讖所謂帝宣也如今(洽)竟不得
為火則漢不得為赤其所發明補
蓋實多陛下通天然之明建大聖之
本改元正　垂萬世則是以麟鳳百
數嘉瑞雜遝猶朝夕恪勤遊情
六藝研機綜微靡不審覈若復留

意嚴學以廣聖見庶幾無所遺失矣書奏帝嘉之賜布五百賜衣一襲令逵自選公羊嚴顏諸生高才者二十人教以左氏

漢棠卷之十

# 兩漢策要卷之十一

## 史記畧論

班彪字叔皮武帝時司馬遷著史記自太初以後闕而不錄彪乃繼采前史遺事旁貫異聞作後傳數十篇因斟酌前史而譏正得失其畧論曰

唐虞三代詩書所及世有史官以司典籍暨於諸侯國自有史故孟子

曰楚之檮杌晉之乘魯之春秋其
事一也定哀之間魯君子左丘明論
集其文作左氏傳三十篇又撰異
同號曰國語二十篇由是乘檮杌之
事遂闇而左氏國語獨章又有
記錄黃帝以來至春秋時帝王公

侯卿大夫號曰世本一十五篇春秋之後七國並爭秦并諸侯則有戰國策三十三篇漢興定天下太中大夫陸賈記錄恃功作楚漢春秋九篇孝武之世太史令司馬遷采左氏國語刪世本戰國策據楚漢列國時事上

自黃帝下訖獲麟作本紀世家列傳書表凡百三十篇而十篇缺焉遷之所記自漢元至武則絕其功至於采經摭傳分散百家之事甚多疎略不如其本務欲以多聞廣載爲功論議淺而不篤其論術學則崇黃老

而薄五經序貨殖則輕仁義而羞
貧窮道游俠則賤守節而貴俗
功此其大敝傷道所以遇極刑之咎
也然善述序事理辯而不華質而
不野文質相稱蓋良史之才也誠令
遷依五經之法言同聖人之是非意

亦庶幾矣夫百家之書猶可法也若左氏國語世本戰國策楚漢春秋太史公書今之所以知古後之所以觀前聖人之耳目也司馬遷序帝王則曰本紀公侯傳國則曰世家卿士特起則曰列傳又進項羽陳涉而黜

淮南衡山細意委曲條例不經若還之著作采獲古今貫穿經傳至廣博也一人之精文重思煩故其書刊落不盡尚有盈辭多不齊一若序司馬相如舉郡縣著其字至蕭曹陳平之屬及董仲舒並時之人不記

其字或縣而不郡者蓋不暇也今此後篇慎覈其事釐齊其文不為世家唯紀傳而已傳曰殺史見極乎易正直春秋之義也

建東宮師保議

彪復辟司徒王況府時東宮初建諸王國並開而官屬未備師保多闕彪上言

孔子稱性相近習相遠也賈誼以爲習與善人居不能無爲善猶生長於齊不能不齊言也習與惡人居不能無惡猶生長於楚不能不楚言也是以聖人審所與居而慎所習者成王之爲孺子出則周公召公太公史

佚入則太顛閎夭南宫括散宜生左右前後禮無違者故成王一日即位天下曠然太平是以春秋愛子教以義方不納於邪驕奢淫佚所自邪也詒厥孫謀以燕翼子言武王之謀遺子孫也漢興太宗使鼂

錯道太子以法術賈誼教梁王以詩
書及至中宗亦令劉向王褒蕭望
之周堪之徒以文章儒學保訓東宮
以下莫不崇簡其人就成德器今
皇太子諸王雖結髮學問脩習禮樂
而傅相未值賢才官屬多闕舊典

宜博選名儒有威重明通政事者以爲太子太傅東宮及諸王國備置官屬又舊制太子食湯沐十縣設周衛交戟五日一朝因坐東廂省視膳食其非朝日使僕中允旦旦請問而已明不媟黷廣其敬也書奏

帝納之

上疏

左雄字伯豪遷尚書令上疏陳曰

臣聞柔遠知邇莫大寧人寧人之務莫重用賢用賢之道必存考黜是以皋陶對禹貴在知人安人則惠

黎民懷之分伯建侯代位親民民用和睦禮讓以興故詩云有渰淒淒興雨祁祁雨我公田遂及我私及幽厲昬亂不自爲政褒豔用權七子黨進賢愚錯緒滐谷爲陵其詩曰四國無政不用其良又曰皋令之人

胡為虺蜴音毀易言人畏吏如虺蜴也宗
周既滅六國并秦坑儒泯典剗革
五等更立郡縣設令長郡置守尉
什伍相司封豕其民大漢受命雖
未復古然克慎庶官蠲苛救敝忔
以濟難撫而循之至於文景天下康

又誠由衷請寬柔克慎官人故也降
及宣帝興於側陋綜覈名實知時
所病刺史守相輒親引見考察言
行信賞必罰帝乃歎曰民所以安而
無怨者政平吏良也與我共此者其
唯良二千石乎以爲吏數變易則下

不安業久於其事則民服教化其有政理者輒以璽書勉勵增秩賜金或爵至關內侯公卿缺則以次用之是以吏稱其職民安其業漢世良吏於茲爲盛故能降來儀之瑞建中興之功漢初至今三百餘載俗

浸彫弊巧僞滋蒔下飾其詐上肆
其殘與城百里轉動無常各懷一
切莫慮長久謂殺害不辜爲威風
聚斂整辦爲賢能以理已安民爲
劣弱以奉法循理爲不化髡鉗之戮
生於睚眦覆尸之禍成於喜怒視

民如寇讎稅之如豺虎監司項背
相望與同疾疢見非不舉聞惡不
察觀政於亭傳責成於朞月言善
不稱德論功不據實虛誕者獲譽
拘撿者離毀或因罪而引高或色斯
以求名州宰不覆競共辟召踴躍

升騰超等踰匹今之墨綬猶古之
諸侯拜爵王庭輿服有庸而齊於
匹豎叛命避負非所以崇憲明理
惠育元元也臣愚以爲守相長吏惠
和有顯效者可就增秩勿使移徙鄉
部親民之吏皆用儒生清白任從政

者寬其負筭增其禄秩吏職滿歲寧府州郡乃得辟舉如此威福之路塞虛僞之端絕送迎之役損賦斂之源息循理之吏得成其化率土之民各寧其所追配文宣中興之軌流光垂祚永世不刊帝感其言申下

有司考其真僞詳所施行

上疏

陳忠字伯始安帝始親朝事詔舉有道公卿百僚各上封事忠以詔書既開諫爭慮言事者必多激切或致不能容乃上疏

臣聞仁君廣山藪之大納切直之謀忠臣盡謇諤之節不畏逆耳之害是以高

祖舍周昌桀紂之譬孝文嘉袁盎

豕人之譏武帝納東方朔宣室之正

元帝容薛廣德自刎之切昔晉平公

問於叔向曰國家之患孰爲大對曰

大臣重禄不極諫小臣畏罪不敢言

下情不上通此患之大者公曰善於是

下令曰吾欲進善者謁而不通者死今
明詔崇高宗之德推宗景之誠引咎
克躬諮訪羣吏言事者見杜根成
翊世等新蒙表錄顯列二臺必承風
響應爭為切直若嘉謀異策宜
輒納用如其管穴妄有譏刺雖苦口

逆耳不得事實且優游寬容以示
聖朝無諱之美若有道之士對問高
者宜垂省覽特遷一等以廣直言
之路

諫疏 時三府任輕機事專委尚書而災眚變咎輒切免公台忠以爲非國舊體上疏諫曰

臣聞君使臣以禮臣事君以忠故三公

稱曰家宰王者待以殊敬在輿爲下御坐則起入則參對而議政事出則監察而董是非漢興舊事丞相所請靡有不聽今之三公雖當其名而無其實選舉誅賞一由尚書尚書見任重於三公陵遲已來其漸久矣

臣忠心常獨不安是故臨事戰懼不
敢宂見有所興造又不敢希意同僚
以謬乎典而謗讟自開罪之萬死近
以地震策免司空陳褒今者災異復
欲切讓三公昔孝成皇帝以妖星守
心移咎丞相使賁麗納說方進方進

自引卒不蒙上天之福徒垂宗景之誠
故知是非之分較然有歸矣又尚書決
事多違故典罪法無例詆欺爲先
文慘言醜有乖章憲宜責求其意
割而勿聽上順國典下防威福置方
圓於規矩審輕重於衡石誠國家

之典萬世之法也忠意常在褒崇大臣待下以禮頌之還尚書令

上疏

陳龜字叔珍永和五年會羌胡寇邊桓帝以龜世諳邊俗拜為度遼將軍臨行

上疏

臣龜蒙恩累世馳騁邊陲雖展鷹

大之用頓斃胡虜之庭魂骸不反薦
享孤狸猶無以塞厚貴荅萬分也
至臣頑駑器無鉛刀一割之用過受
國恩榮秩無優生年死日永懼不報
臣聞三辰不軌擢士為相蠻夷不恭
拔卒為將臣無文武之才而忝鷹揚

之任上懃聖朝下懼素餐雖殞軀體
無所云補今西州邊鄙土地塉埆鞍馬
為居射獵為業男寡耕稼之利女
乏機杼之饒守塞候望縣命鋒鏑
聞急長驅去不圖反自頃年以來匈
奴數攻營郡殘殺長吏侮略良細戰

夫身膏沙漠居人首係馬鞍或舉
國掩户盡種灰滅孤兒寡婦號哭
空城野無青草室如懸磬雖含生
氣實同枯朽往歲并州水雨災螟
互生稼穡荒耗租更空缺老者慮不
終年少壯懼於困厄陛下以百姓為

子品庶以陛下為父焉可不日昃勞神垂撫循之恩哉唐堯親舍其子以禪虞舜者是欲民遭聖君不令過惡主也故古公杖策其民五倍文王西伯天下歸之豈復輿金輦寶以為民惠乎近孝文皇帝感一女子

之言除肉刑之法體德行仁為漢賢
主陛下繼中興之統承光武之業臨
朝聽政而未留聖意且牧守不良
或出中官懼逆上旨取過目前呼嗟
之聲招致災害胡虜凶悍因衰緣隙
而令倉庫單於豺狼之口功業無銖

兩之効皆由將帥不忠聚姦所致前
涼州刺史祝良初除到州多所糾罰
太守令長貶黜將半政未踰時功效
卓然實應賞異以勸功能改任守
牧去斥姦殘又宜更選匈奴烏桓護
羌中郎將校尉簡練文武授之法令

除并涼二州今年租更寬赦罪隸掃
除更始則善吏知奉公之祐惡者覺營
私之禍胡馬可不窺長城塞下無候望
之患矣帝悟下詔為陳將軍除并涼
一年租賦以賜吏民鼂既到職州
郡重足震悚鮮畢不敢近塞掃

立石經

盧植字子幹熹平四年立太學石經以正五經文字植乃上書

臣少從通儒故南郡太守馬融受古學頗知今之禮記特多回冗臣前以周禮諸經發起紕繆敢率愚淺為之解詁而家乏無力供繕寫上願得將

能書生二人共詣東觀就官財糧專心研精合尚書章句考禮記失得庶裁定聖典刊正碑文古文科斗近於爲實厭抑流俗降在小學中興以來通儒達士班固賈逵鄭興父子並敦悦之今毛詩左氏周禮各有傳記

其與春秋共相表裏宜置博士爲立學官以助後來以廣聖意

上疏

傅燮字南容爲護軍司馬與左中郎皇甫嵩俱討張角燮素疾中官既行上疏

臣聞天下之禍不由於外皆興於內是

故虞舜升朝先除四凶然後用十六相明惡人不去則善人無由進也今張角起於趙魏黃巾亂於六州此皆釁發蕭牆而禍延四海者也臣受戎任奉辭伐罪始到潁川戰無不克黃巾雖盛不足為廟堂憂也臣之所懼在

於治水不自其源末流彌增其廣尒
陛下仁德寬容多所不忍故閹弄權
忠臣不進誠使張角梟夷黃巾變
服臣之所憂甫益深爾何者夫邪正
之人不宜共國亦猶冰炭不可同器
彼知正人之功顯而危亡之兆見皆將

巧辭飾說共長虛偽夫孝子疑於屢至市虎成於三夫若不詳察真偽忠臣將復有杜郵之戮陛下宜思虞舜四罪之舉速行讒佞放殛之誅則善人思進姦惡自息臣聞忠臣之事君猶孝子之事父也子之事父焉得不用

其情使臣身備鈇鉞之戮陛下少用其言國之福也書奏靈帝識變言

應問

張衡 字子平順帝初再轉復爲太史令衡不慕當世所居之官輒積年不徙自去史職五載復還乃設客問作應問以見其志云

有問余者曰蓋聞前哲首務務於下

學上達佐國理民有云爲也朝有所
聞則夕行之立功立事式昭德音是
故伊尹思使君爲堯舜而民處唐
虞彼豈虛言而已哉必旌厥素爾咎
單巫咸寔守王家申伯樊仲實翰周
邦服袞而朝介圭作瑞厥跡不朽垂

烈後昆不亦丕歟且學非以要利而
富貴華之富以行令貴以施惠惠施
令行故易稱以大業質以女美實由
華興器賴彫飾爲好人以輿服爲
榮吾子性德體道篤信安仁約己博
蓺無堅不鑽以思世路斯何遠矣曩

滯日官令又原之難老民由全進道若退然行亦以需必也學非所用術有所仰故臨川將濟而舟檝不存焉徒經思天衢內昭獨智固合理民之式也故嘗訪于鄙儒深厲淺揭隨時爲義曾何貪於支離而習其狐技邪參輪

可使自轉木雕猶能獨飛已無翅
而還故棲盡亦調其機而銛諸昔
有文王自求多福人生在勤不索何
獲曷若畀體屈己美言以相克鳴扵
喬木乃金聲而玉振之用後勳雪前
咎婞狠不柔以意誰靳也應之曰是

何觀同而見異也君子不患位之不尊
德之不崇不恥祿之不夥而恥之不
博是故蓺可學而行可力也天爵高
懸得之在命或不速而自懷或羨旃
而不臻求之無益故智者面而不思
阽身以徼幸固貪夫之所為未得而

豫喪也枉尺直尋議者譏之盈欲
齎志孰云非善於心有猜則簋飧
饌餔猶不屑餐旌稽以之意之無
疑則兼金盈百而不嫌辭盈輒以之
士或解袒裼而襲黼黻或委爭築而
掾文軒者度德拜爵量績受祿也

輸力致庸受必有階渾元初基靈軌未紀吉凶紛錯人用朣朦黃帝爲斯深慘有風后者是焉信之察三辰於土跡禍福乎下經緯歷數然後天步有常則風后之爲也當少昊青陽之末實或亂德人神雜擾不可方物重黎

之爲也人各有能因藝受任鳥師
别名四叔正官無二業事不並齋畫
長則宵短日南則景壯天且不堪兼
况以人誒之夫玄龍遂夏則凌雲而
奮鱗樂時也涉冬則淈泥而潛蟠
避害也公旦道行故制典禮以尹天

下懼敎誨之不從有人不理仲尼不
遇故論六经以俟来辟馳一物之不
知有事之無範所考不齊如何可一
夫戰國交争戎車競驅君若綴旒
人無所釐羈武縣縋而秦伯退師
魯連係箭而聊城弛析從往則合

横来則離安危無常要在説夫感
以得人為臯失士為尤故樊噲披帷
入見高祖高祖踞洗以對酈生當
此之會乃鼉鳴而鼈應也故能同心
戮力勤恤人隱奄受區夏遂定帝位
皆謀臣之由也故一介之策名有攸建

子長諜之爛然有苐夫女魃而北應龍翔洪鼎聲而軍容息溽暑至而鶤火棲寒冰涸而黿鼉蟄今也皇澤宣洽海外混同萬方億醜并質共劑若脩成之不暇尚何功之可立立事有三言爲下列下列且不可庶

矣奚翼其二哉于茲縉紳如雲儒士成林及津者風攄失塗者幽僻遭遇難要趨偶為華世易俗異事勢殊不能通其變而一度以揆之斯契船而求劒守株而待兔也冒愧逞顧必無仁以繼之有道者所不履

也越王句踐事此故厥緒不承捷徑
邪至我不忍以投步于進苟容我不
忍以斂肩雖有犀舟勁楫猶人涉卬
否有須者也姑亦奉順敦篤守以忠
信淂之不休不獲不吝不見是而不
惛居下位而不憂允上德之常服焉

方將師天老而友地輿輿之乎高睨
而大談孔甲且不足慕焉稱殷彭及
周聃輿世殊技固孤是求子憂朱
汗漫之無所用吾恨輪扁之無所斁
也子覩木鷗獨飛憩我垂翅故棲
吾感去龜附鷗悲爾先笑而後歸

也裴豹以爨皆燔書禮至以掩國作銘弦高以牛餼退敵墨翟以縈帶全城貫高以端辭顯義蘇武以秃節効貞蒲且以飛矰逞巧詹何以沈鉤致精弈秋以碁局取譽王豹以清謳流聲僕進不能參名

於二主退不能羣彼數子懸三墳之
既頽惜八索之不理庶前訓之可鑽
聊朝隱乎柱史且韞櫝以待價踵顔
氏以行止會不憮夫晉楚敎告誡於
知己

廣成頌

馬融 字季長鄧太后臨朝元隲輔政而俗儒世士以爲文德可興武功宜廢遂寢蒐狩之礼息戰陳之法故猾賊從横乘此無備融乃感激以爲文武之道聖賢不墜五才之用無或可廢初元二年上廣成頌

臣聞孔子曰奢則不孫儉則固奢儉之中以禮爲界是以蟋蟀山樞之人並刺國君諷以太康馳驅之節夫

樂而不荒憂而不困先王所以和平
府藏順養精神致之無疆故夔擊
鳴球載於虞謨吉日車攻序於周
詩聖主賢君以增盛美豈徒爲奢
淫而已哉伏見元年已來遭值厄運
陛下戒懼災異躬自菲薄荒棄禁

苑慶弛樂懸勤憂潛思十有餘年
以過禮數重以皇大后體唐堯親
九族陛下復有虞烝烝之孝外舍諸
家每有憂疾聖恩普勞遣使交錯
稀有曠絕時　寧息又無以自娛
樂殆非所以逢迎大和裨助萬福也

臣愚以爲雖向頗有蝗蝝今年五月
以來雨露時澍祥應將至方涉冬
節農事間隙宜幸廣成覽原隰
觀宿麥收藏因講武校獵使寮
庶百姓復覩羽毛之美聞鍾鼓之音
歡嬉喜樂鼓舞疆畔以迎和氣招

致休慶小臣螻蟻不勝區區職在書籍謹依舊文重述蒐狩之義作頌一篇并封上淺陋鄙薄不足觀省

上疏

蔡邕 字伯喈初朝議以州郡相黨人情比周乃制婚姻之家及兩州人士不得對相監臨至是復有三互法禁忌轉密選用艱難幽冀二州

久缺不補
邕乃上疏

幽冀舊壤鎧馬所出比年兵飢漸
至空耗今者百姓虛縣萬里蕭條
闕職經時吏人延屬而三府選舉踰
月不定臣經怪其事而論者云避三
互十一州有禁當取二州而已又二州

之士或復限以歲月狐疑遲淹以失事會愚以爲三互之禁禁之薄者今但申以威靈明其憲令在任之人豈不戒懼而當坐設三互自生閡邪昔韓安國起自徒中朱買臣出於幽賤並以才宜還守本邦又張敞亡命擢授

劉州豈復顧循三互繼以來制乎臣願陛下上則先帝蠲除近禁其諸州刺史器用可換者無拘日月三互以差厭中

諫疏

陳蕃 字仲舉桓帝時封賞踰制內寵猥盛蕃乃上疏諫曰

臣聞有事社稷者社稷是為有事人君者容悅是為令臣蒙恩聖朝備位九列見非不諫是容悅也夫諸侯上象四七垂耀在天下應分土藩屏上國高祖之約非功臣不侯而聞追錄河南尹鄧萬世父遵之微功更

爵尚書令黃僑先人之絕封近習以非義授邑左右以無功傳賞授位不料其任裂土莫紀其功至乃一門之內侯者數人故緯象失度陰陽謬序稼用不成民用不康臣知封事已行言之無及誠欲陛下從是而

止陛下宜採求得失擇從忠善尺一選擧委尚書三公使褒責誅賞各有所歸豈不幸甚帝頗納其言

諫疏 延熹六年車駕幸廣成校獵蕃上疏諫之

臣聞人君有事於苑囿唯仲秋西郊順時講武殺禽助祭以敦孝敬如或

違此則為肆縱故皐陶戒舜無放逸游周公戒成王無般于遊田虞舜成王猶有此戒況德不及二王者乎夫太平之時尚宜有節況當今之世有三空之厄哉田野空朝廷空倉庫空是謂三空加兵戎未戢四方離散是

陛下焦心毀顏坐以待旦之時也豈宜揚旗曜武騁心輿馬之觀乎又前秋多雨民始種麥今失其勸種之時而令給驅禽除路之役非賢聖惻民之意也齊景公欲觀於海放乎琅琊晏子為陳百姓惡聞旌旗輿

馬之音舉首嚬眉之慼景公為之不行周穆王欲肆車轍馬跡祭公謀父為誦祈招之詩以止其心誠惡遊之害人也書奏納之

辯和同論　劉梁字曼山

夫事有違而得道有順而失義有

憂而爲害有惡而爲失其故何爭蓋明智之所得闇僞之所失也是以君子之於事也無適無莫必考之以義焉得由和興失由同起故以可濟否謂之和好惡不殊謂之同春秋傳曰和如羹焉酸苦以劑其味君子食之以

平其心同如水焉若以水濟水誰能食之琴瑟之專一誰能聽之是以君子之行周而不比和而不同以救過爲正以匡惡爲忠經曰將順其美匡救其惡則上下和睦能相親也昔楚恭王有疾召其大夫曰不穀不德少

主社稷失先君之緒覆楚國之師不穀之罪也若以宗廟之靈得保首領以殁請為靈若厲大夫許緒及其卒也子囊曰不然夫事者從其善不從其過赫赫楚國而君臨之撫正南海訓及諸夏其寵大矣有是寵也

而知其過可不謂恭乎大夫從之此
違而得道者也及靈王驕溢暴虐
無度芋尹申亥從王之欲以殯於乾
溪殉之二女此順而失義者也鄢陵
之役晉楚對戰陽穀獻酒子反以
斃此愛而害之也臧武仲曰孟孫之

惡我藥石也季孫之愛我美疢也疢毒滋厚石猶生我此惡而爲美者也孔子曰智之難也有臧武仲之知而不容於魯國抑有由也作而不順施而不恕矣蓋善其知義譏其違道也夫知而違之僞也不知而失之闇

也闇與僞焉其患一也患之所在非徒在智之不及又在及而違之者矣故曰智及之仁不能守之雖得之必失之也夏書曰念茲在茲庶事恕施忠智之謂矣故君子之行動則思義不爲利回不爲義疚進退周旋惟道

是務茍失其道則兄弟不可茍得其義雖仇讎不廢故解狐蒙祁奚之薦二叔被周公之害勃鞮以逆文爲成傅瑕以順厲爲敗管蘇以憎忤取進申侯以愛從見退考之以義也故曰不在逆順以義爲斷不在愛

憎以道爲貴禮記曰愛而知其惡憎
而知其善考義之謂也

薦禰衡疏

孔融 字文舉衡自建安初來遊許下始達
潁川乃陰懷一刺既而無所之遂至
於刺字漫滅唯善魯國孔融及弘
農楊脩亦深愛其才衡始弱冠
而融年四十遂與爲
交上疏薦之

臣聞洪水橫流帝思俾乂旁求四方
以招賢俊昔孝武繼統將弘祖業
疇咨熙載羣士嚮臻陛下睿聖纂
承基緒遭遇厄運勞謙日昃惟嶽
降神異人並出竊見處士平原禰
衡年二十四字正平淑質貞信英才

卓礫初涉藝文升堂覩奧目所一見
輙誦於口耳所瞥聞不忘於心性與道
合思若神有弘羊潛計安世默識以
衡之準誠不足怪忠果正直志懷霜
雪見善若驚疾惡若讎任座抗行
史魚厲節殆無以過也鷙鳥累百不

如一鶚使衡立朝必有可觀飛辯騁
辭溢氣坌（音盆塵也）涌解疑釋結臨敵有
餘昔賈誼求試屬國詭係單于終
軍欲以長纓牽致勁越弱冠慷慨
前世美之近日路粹嚴象亦用異
才擢拜臺郎衡宜與為比如得龍

躍天衢振翼雲漢揚聲紫微垂
光虹蜺足以昭近署之多士增四門之
穆穆鈞天廣樂必有奇麗之觀帝室
皇居必蓄非常之寶若衡等輩不
可多得激楚揚阿至妙之容臺牧
者之所貪飛兔騕褭絶足之奔放

良樂之所急臣等區區敢不以聞

兩漢策卷之十一

兩漢[illegible]

與[illegible]

申[illegible]劉

書曰愚聞專己者孤拒諫者塞孤塞之政亡國之風雖有明聖之姿猶屈己從衆故慮無遺策舉無過事夫聖

人不以獨見爲明而以萬物爲心順
人者昌逆人者亡此古今之所共也將
軍以布衣爲鄉里所推廊廟之計既
不豫之動軍發衆又不深料今東
方政教日睦百姓平安而西州發兵
人人[illegible]憂騷動惶懼莫敢正言

羣衆疑惑人懷顧望非徒無精鋭之心其患無所不至夫物窮則變生事急則計易其勢然也夫離道德逆人情而能有國有家者古今未有也將軍素以忠孝顯聞是以上大夫不遠千里慕樂德義今苟欲決意

徼幸此何如哉夫天所祐者順人所助者信如未蒙祐助令小人受塗地之禍毀壞終身之德敗亂君臣之節虧傷父子之恩衆賢破膽可不慎哉疏不納

上封事

盧植 字子幹涿郡涿人也身長八尺二寸音聲如鐘少與鄭玄俱事馬融能通古今學好研精而不守章句還尚書光和元年有日食之異植上封事諫

臣聞五行傳日（曰）晦而月見謂之朓（音窕）王侯其舒此謂君政舒緩故日食晦也春秋傳曰天子避位移時言其相掩

不過移時而間者日食自巳過午既食之後雲霧晻曖比年地震彗孛互見臣聞漢以火德化當寬明近色信讒忌之甚者如火畏水故也案今年之變皆陽失陰侵消禦灾凶宜有其道謹略陳八事一曰用良二曰原禁三

曰禦癘四曰備寇五曰修禮六曰遵堯
七曰御下八曰散利用良者宜使州郡
敦擧賢良隨方委用責求選擧原
禁者凡諸黨錮多非其罪可加赦
怨申宥回枉禦癘者宗后家屬並
以無辜委骸横尸不得收葬疫癘

之來清由於此宜勑收拾以安遊魂備
冠者侯王之家賦稅減削愁窮思亂
必致非常宜使給足以防未然脩禮
者應徵有道之人若鄭玄之徒陳明
洪範攘禳服災咎遵堯者令郡守刺
史一月數遷宜依黜陟以章能否縱不

九載可淵三歲御下者請謁希爵一宜禁塞遷舉之事責成主者散利者天子之體理無私積宜弘大務蠲略細微帝不省

諫疏

竇武 字游平扶風平陵人安豐戴侯融之玄孫也時國政多失內官

專寵李膺杜密等爲黨事考
逮永康元年武上疏諫曰

臣聞明主不諱譏刺之言以探幽暗之實忠臣不恤諫爭之患以暢萬端之事是以君臣並熙名奮百世臣幸得遭盛明之世逢文武之化豈敢懷祿逃罪不竭其誠陛下初從藩國爰登

聖祚天下遂豫謂當中興自即位
以來未聞善政梁孫寇鄧雖或誅滅
而常侍黃門續爲禍虐欺罔陛下
競行譎詐自造制度妄爵非人朝政
日衰姦臣日强伏尋西京放恣王氏
佞臣執政終喪天下今不慮前事之

失復循覆車之軌臣恐二世之難必將復及趙高之變不朝則夕近者姦臣牢脩造設黨議遂收前司隸校尉李膺太僕杜密御史中丞陳翔太尉掾范滂等逮考連及數百人曠年拘錄事無效驗臣惟膺等建中忠抗

節志綏王室此誠陛下稷卨伊呂之
佐而虛爲姦臣賊子之所誣枉天下寒
心海内失望惟陛下留神澄省時見理
出以厭人鬼喁喁之心臣聞古之明君必
須賢佐以成政道今臺閣近臣尚書
令陳蕃僕射胡廣尚書朱寓荀緄劉祐

魏朗劉矩尹勳等皆國之真士朝之良佐尚書郎張陵嬀皓苑康楊喬邊韶戴恢等文質彬彬明達國典內外之職羣才並列而陛下委任近習專樹饕餮外典州郡內幹心膂宜以次貶黜案罪糾罰抑奪宦官欺

國之封案其無狀誣罔之辠信任忠

良平決臧否使邪正毀譽各得其所

寶愛天官唯善是授如此咎徵可

消天應可待聞者有嘉禾芝草黃

龍之見夫瑞生必由於嘉士福至實由

善人在德爲瑞無德爲災陛下所行不

合天意不宜稱慶書奏固以病上還城門校尉槐里侯印綬帝不許有詔原李膺杜密等自黄門北寺若盧都内諸獄繫囚罪輕者皆出之

## 災異策

李固 字子堅漢中南鄭人司徒郃之子也陽嘉二年有地震山崩火災之

異公卿舉固對策詔又特問當世
之弊為政所宜
固對曰臣聞王者父天母地寶有山川
王道得則陰陽和穆政化乖則崩震
為災斯皆關之天心效於成事者也
夫化以職成官由能理古之進者有
德有命今之進者唯財與力伏聞詔

書務求寬博疾惡嚴暴而令長吏
多殺伐致聲名者必加遷賞其存寬
和無黨援者輙見斥逐是以淳厚之
風不宣彫薄之俗未革雖繁刑重禁
何能有益前孝安皇帝變亂舊典
封爵阿母因造妖孼使樊豐之徒乘

權放恣侵奪主威改亂嫡嗣至令聖躬狼狽相遇其艱既拔自困殆龍興即位天下喁喁屬望風政積敝之後易致中興誠當沛然思惟善道而論者猶云方今之事復同於前臣伏從山草痛心傷臆實以漢興以來三百

餘年賢聖相繼十有八主豈無阿乳之恩豈忘貴爵之寵然上畏天威俯案經典知義不可故不封也今宗阿母雖有大功勤謹之德但加賞賜足以酬其勞苦至於列土開國實乖舊典聞阿母體性謙虚必有遜讓陛下

宜許其辭國之高使成萬安之福
夫妃后之家所以少完全者豈天性當
然但以爵位尊顯專總權柄天道惡
盈不知自損故至顛仆先帝寵遇閻
氏位號甚疾故其受禍曾不旋時老
子曰其進銳者其退速也今梁氏戚

爲椒房禮所不臣尊以高壽尚可
然也而子弟羣從榮顯兼加永平建
初故事殆不如此宜令步兵校尉冀
及諸侍中還居黃門之官使權去
外戚政歸國家豈不休乎又詔書
所以禁侍中尚書中臣子弟不得爲

吏察孝廉者以其秉威權容請託故也而中常侍在日月之側聲勢震天下子弟祿任曾無限極雖外託謙默不干州郡而諂僞之徒望風進舉今可爲設常禁同之中臣普館陶公主爲子求郎明帝不許賜錢十萬

所以輕厚賜重薄位者爲官人失
才害及百姓也竊聞長水司馬武宜（宣）
開陽城門候羊迪等無他功德初拜
便真此雖小失而漸壞舊章先聖法
度所宜堅守政教一跌百年不復詩
云上帝板板下民卒癉刺周王變祖

法度故使下民將盡病也今陛下之有尚書猶天之有北斗也斗為天喉舌尚書亦為陛下喉舌斗斟酌元氣運平四時尚書出納王命賦政四海權尊勢重責之所歸若不平心災眚必至誠宜審擇其人以毗聖政令今與

陛下共理天下者外則公卿尚書內則
常侍黃門譬猶一門之內一家之事
安則共其福慶危則通其禍敗刺
史二千石外統職事內受法則夫表
曲者景必邪源清者流必潔猶叩
樹本百枝皆動也周頌曰薄言振之

莫不震疊此言動之於內而應之
於外者也由此言之本朝號令豈可
蹉跌間隙一開則邪人動心利競轉
（徼）起則仁義道塞刑罰不能復禁化
道以之寖壞此天下之紀綱當今之急
務陛下宜開石室陳圖書招會羣

儒引問得指[失]擿變象以求天意其言有中理即時施行顯拔其人以表能者則聖聽日有所聞忠臣盡其所知又宜罷退宦官去其權重裁置常侍二人方直有德者省事左右小黃門五人才智閑雅者給事殿

中如此則論者厭塞升平可致也臣所以敢陳愚贅冒昧自聞者儻或皇天欲令微臣覺悟陛下陛下宜熟察臣言憐赦臣死順帝覽其對多所納用即時出阿母還第舍諸常侍悉叩頭謝罪朝廷肅然以固爲議郎

上疏陳事

李固

曰臣聞氣之清者爲神人之清者爲賢養身者以練神爲寶安國者以積賢爲道昔秦欲謀楚王孫圉設壇西門陳列名臣秦使懼然遂

爲寢兵魏文侯師卜子夏友田子方軾段干木故羣俊競至名過齊桓秦人不敢闚兵於西河斯蓋積賢之符也陛下撥亂龍飛初登大位聘南陽樊英江夏黄瓊廣漢楊厚會稽賀純策書嗟歎待以大夫之位是

以巖穴幽人智術之士彈冠振衣樂欲爲用四海欣然歸服聖德厚等在職雖無奇卓然夕惕孳孳志在憂國臣前在荆州聞厚純等以病免歸誠以悵然爲時惜之一日朝會見諸侍中並皆年少無一宿儒大

人可顧問者誠可歎息宜徵還厚等
以副羣望瓊久處議郎已且十年衆人
皆怪始隆崇今更滯也光祿大夫周
舉才謨高亞宜在常伯訪以言議
侍中杜喬學深行直當世良臣久託
病疾可勑令起又薦陳留楊倫河南

尹存東平王惲陳國何臨清河房植
等是日有詔徵用倫厚等而還瓆
舉以固為大司農
劉表進諫
王暢字叔茂少以清實為稱無所交
黨初舉孝廉辭病不就大將
軍梁商特辟舉茂
才四遷尚書令

諫曰夫奢不僭上儉不逼下循道行禮貴處可否之間蘧伯玉恥獨爲君子府君不希孔聖之明訓而慕夷齊之末操無乃皎然自貴於世乎暢曰昔公儀休在魯拔園葵去織婦孫叔敖仕楚其子被裘刈薪

夫以約失之鮮矣聞伯夷之風者貪夫廉懦夫有立志雖以不德敢慕遺烈

## 諫竇憲書

崔駰 竇太后臨朝憲以重戚出内詔命駰獻書諫之

曰駰聞交淺而言深者愚也在賤而望貴者

惑也未信而納忠者謗也三者皆所以宜而或蹈之者思効其區區憤盈而不能已也竊見足下體淳淑之姿躬高明之量意美志厲有上賢之風駰幸得充下館序後陳是以竭其拳拳敢進一言傳曰生而富者驕生而貴

者傲生富貴而能不驕傲者未之有也今寵祿初隆百僚觀行當堯舜之盛世處光華之顯時豈可不庶幾夙夜以永終譽弘申伯之美致周召之事乎語曰不患無位患所以立昔馮野王以外戚居位稱爲賢臣

近陰衛尉克己復禮終受多福郯氏之宗非不尊也陽侯之族非不慼也重侯累將建天樞執斗柄其所以獲譏於時垂愆於後者何也蓋在滿而不挹位有餘而仁不足之也漢興以後迄于哀平外家二十保族全身四人而

已書曰鑒于有殷可不慎哉竇氏之
興肇自孝文二君以淳淑守道成名
先日安豐以佐命著德顯自中興內
以忠誠自固外以法度自守卒享祚
國垂祉於命（泠）夫謙德之光周易所美
滿溢之位道家所戒故君子福大而愈

懼爵隆而溢恭遠察近覽俯仰有則銘諸几杖刻諸盤杅矜矜業業無殆無荒如此則百福是荷慶流無窮矣

陳蕃

胡廣等薦徐穉疏

臣聞善人天地之紀政之所由也詩云思皇多士生此王國天挺俊乂爲陛下出當輔翊明時左右大業者也伏見處士豫章徐穉彭城姜肱汝南袁閎京兆韋著潁川李曇德行純備著于人聽若使擢登三事協亮

天工必能翼宣感美增光日月矣

上内寵疏

楊震

震字伯起弘農華陰人少好學受歐陽尚書於太常桓郁明經博覽無不窮究諸儒為之語曰關西孔子永寧元年代劉愷為司徒明年鄧太后崩内寵始横安帝乳母王聖因保養之勤緣恩放恣聖子女伯榮出入宫掖傳通姦賂震上疏

臣聞政以得賢為本理以去穢為務是以唐虞俊乂在官四凶流放天下咸服以致雍熙方今九德未事嬖幸充庭阿母王聖出自賤微得遭千載奉養聖躬雖有推燥居濕之勤前後賞惠過報勞苦而無厭之心不

知紀極外交屬託擾亂天下損辱清
朝塵黷日月書誡牝雞晨鳴詩刺
哲婦喪國昔鄭嚴公從母氏之欲
恣驕弟之情幾至危國然後加討
春秋貶之以為失教夫女子小人近之喜
遠之怨實為難養易曰無攸遂在

中饋言婦人不得與於政事也宜速
出阿母令居外舍斷絕伯榮莫使往
来令恩德兩隆上下俱美惟陛下
絕婉孌之私割不忍之心留神萬機
誡慎拜爵減省獻御損節徵發
令野無鳴鶴之歎朝無小明之悔大

東不興於今勞止不怨於下擬蹤往古比德哲王豈不休哉

上遊章疏

楊賜字伯獻少傅家學篤志博聞建寧初靈帝當受學詔太傅三公選通尚書桓君章句宿有重名者三公舉賜乃侍講於華光殿中熹平五年代袁隗為司徒時帝好微行遊章外苑

臣聞天生蒸民不能自理故立君長使司牧之是以唐虞競競業業周文日昃不暇明慎庶官俊義在職三載考績以觀厥成而今所序用他德有形勢者旬日累遷守真之徒歷載不轉勞逸無別善惡同流北山之詩所為訓作

又聞數微行出幸苑囿觀鷹犬之
執極盤遊之荒政事日隨墮大化陵遲
陛下不顧二祖之勤止追慕五宗之美
蹤而欲以望太平是由曲表而欲景直
郤行而求及前人也宜絕慢傲之戲念
官人之重割用板之恩慎貫魚之次無

令醜女有四殆之嘆遐迩有憤怨之聲臣受恩偏特忝任師傅不敢自同凡臣括囊避咎謹自手書密上

上劉表僭僞疏

孔融是時荆州牧劉表不供職貢多行僭僞遂乃郊祀天地擬斥乘輿詔書班下其事

竊聞領荊州牧劉表桀逆放恣所爲不軌至乃郊祀天地擬儀社稷雖昏僭惡極罪不容誅至於國體宜且諱之何者萬乘至重天王至尊身爲聖躬國爲神器陛級縣遠祿位限絕猶天之不可階日月之不可踰也

每有一豎臣輙云圖之若形之四方非所以杜塞邪萌愚謂雖有重戾必宜隱忍賈誼所謂擲鼠忌器蓋謂此也是以齊兵次楚唯責包茅王師敗績不書晉人前以露袁術之罪今復下劉表之事是使跛牂欲闚高岸

天險可得而登也

諫更始授官爵

李淑 豫章人也更始其所授官爵者皆羣小賈豎或有膳夫庖人多著繡面衣錦袴襜褕諸于罵詈道中長安為之語曰竈下養中郎將爛羊頭關內侯爛羊胃騎都尉

諫曰方今賊寇始誅王化未行百官有

司宜慎所任夫三公上應台宿九卿下括河海故天工人其代之陛下定業雖因下江求林之執斯蓋臨時濟用不可施之既安黎民制度更延英俊因才授爵以匡王國今公卿大位莫非戎陳尚書顯官皆出庸伍資亭

長賊捕之用而當輔佐綱維之任唯
名與器聖人所重今以所重加非其
人望其毗益萬分興化致理譬猶
緣木求魚升山採珠海內望此有以
闚度漢祚臣非有憎疾以求進也但
爲陛下惜此舉屠敗材傷錦所宜

至慮惟剖既往謬妄之失思隆周文濟濟之義更始恕繫淑詔獄

自亡命上書

寇榮 少知名桓帝時為侍中性矜潔自貴於人少所與以此見害於權寵而從兄子尚帝妹益陽長公主帝又聘其從孫女於後宮左右益惡之延熹中遂陷以罪榮逃竄數年會赦令不得除積窮困乃自亡命中上書

臣聞天地之於萬物也好生帝王之於萬人也慈愛陛下統天理物爲萬國覆作人父母先慈愛後威武先寬容後刑辟自生齒以上咸蒙德澤而臣兄弟獨以無辜爲專權之臣所見批抵青蠅之人所共構會以臣婚

姻王室謂臣將撫其背奪其位退其
身受其執於是遂作飛章以被
於臣欲使墜萬仞之阬踐死之地
令陛下忽慈母之仁發投杼之怒尚書
背繩墨案空劾不復質確其過寘
於嚴棘之下便奏正臣罪司隸校尉

馮羨佞邪承旨廢於王命驅逐
臣等不得旋踵臣奔走還郡沒齒
無怨臣誠恐卒爲豺狼橫見噬食
故冒死欲詣闕披肝膽布腹心刺
史張敞〔敞〕好爲諂諛張設機網復令
陛下興雷霆〔電〕之怒司隸校尉應奉河

南尹何豹洛陽令袁騰並驅爭先若赴仇敵罰及死没髡剔墳墓但未掘壙出尸剖棺露齒耳昔文王葬枯骨公劉敦行葦世稱其仁今殘酷容媚之吏無折中處平之心不顧無辜之害而興虛誣之誹欲使

嚴朝必加濫罰是以不敢觸突天
威而自竄山林以俟陛下發神聖
之聽啓獨覩之明拒諂慝之謗絶
邪巧之言救可濟之人援没溺之命
不意滯怨（怒）不爲春夏息淹恚不爲
順時怠逐（遂）驅（馮也）使郵驛布告遠近嚴
川

文勉剥痛於霜雪張羅海内設置罝

萬里逐臣者窮人迫追臣者極車軌

雖楚購伍員漢求季布無人以過也

臣遇罰以來三赦再贖無驗之罪足

以蠲除而陛下疾臣愈深有司咎臣

甫力止則見掃滅行則為亡虜苟生

則為窮人極死則為寃鬼天廣而無以自覆地厚而無以自載蹈陸土而有沈淪之憂遠巖墻而有鎮壓之患精誠足以感於陛下而哲王未肯悟如臣犯元惡大憝足以陳於原野備刀鋸陛下當班布臣之所坐

以解衆論之疑臣思入國門坐於肺石
之上使三槐九棘平臣之罪而閭閻九
重陷步設舉趾觸罘罝動行絓羅
網無緣至萬乘之前永無見信之期
矣國君不可讎匹夫讎之則一國盡
懼臣奔走以來三歷寒暑陰陽易

位當煖反寒春常淒風夏降霜雹又連年大風折拔樹木風爲號令春夏希德議獄緩死之時願陛下思帝堯五教在寬之德企成湯避遠讒夫之誡以寧風旱以弭災兵臣聞勇者不逃死知者不重困固不爲明朝惜

垂盡之命顧赴湘沅之波從屈原之悲沈江湖之流弔子胥之冤臣功臣菑緒生長王國懼獨含恨以葬江魚之腹無以自别於世不勝孤死首邱之情營魂識路之懷犯冒王怒觸突帝禁伏於兩觀陳許(訴)毒痛然

後登金鑊入沸湯糜爛於熾爨之下九死而未悔悲夫久生亦復何聊蓋忠臣殺身以解君怒孝子殞命以寧親怨故大舜不避塗廩浚井之難申生不辭驪姬讒邪之謗臣敢忘斯義不自斃以解朋朝之怨哉乞以身塞

重責顧陛下匄兄弟死命使臣一門頗有遺類以崇陛下寬饒之惠先死陳情臨章涕泣泣血連如帝愈怒遂誅榮寇氏由是衰廢

訴馬援冤詣闕上書

朱勃

臣聞王德聖政不忘人之功採其一美不求備於衆故高祖赦蒯通而以王禮葬田橫大臣曠然感不自疑夫大將在外讒言在内微過輙記大功不計誠爲國之所慎也故章邯畏口而奔楚燕將據聊而不下豈其甘

心未（沫）覩㦸悍巧言之傷類也竊見故伏波將軍新息侯馬援拔自西州欽慕聖義間關險難觸冒萬死孤立羣貴之間傍無一言之佐馳深淵入虎口豈顧計哉寧自知當要七郡之使徼封侯之福邪八年車駕而（洒）

討隗囂國討狐疑衆勞（潛）未集援逮

宜進之策卒破西州及吳漢下隴冀路

斷隔唯獨狄道爲國堅守士民飢

困寄命漏刻援奉詔而（西）使慰（鎮）邊衆

乃招集豪傑曉誘邊戎謀如涌泉

埶如轉規遂救倒縣之急存幾亡之

城兵全師進因糧敵人隴巢略平而
獨守空郡兵動有功師進輙克誅
鋤先零緣入山谷猛怒力戰飛矢貫
脛又出征交趾土多瘴氣援與妻子
生訣無悔吝之心遂斬滅徵側克
平一州間復南討立陷臨鄉師已有

業未竟而死吏士雖疫援不獨存夫戰或以久而立功或以速而致敗深入未必爲得不進未必爲非人情豈樂久屯絕地不生歸哉惟援得事朝廷二十二年北出塞漠南渡江海觸冒毒氣僵死軍事名滅爵絕國土不傳

海內不知其過衆庶未聞其毀卒遇

三夫之言橫被誣罔之譏家屬杜門

葬不歸墓怨隙並興宗親怖慄死

者不能自列生者莫爲之訟臣竊傷

之夫明主醲於用賞約於用刑高祖

嘗與陳平金四萬斤以間楚軍不

問出入所為豈復疑以錢穀間哉夫
操孔父之忠而不能自免於讒此鄒
陽之所悲也詩云取彼讒人投畀豺虎
豺虎不食投畀有北有北不受投畀
有昊此言欲令上天而平其惡惟陛
下留思豎儒之言無使功臣懷恨黃

泉臣聞春秋之義罪以功除聖王之祀臣有五義若援所謂以死勤事者也願下公卿平援功罪宜絕宜續以厭海內之望

救趙騰疏

張皓 時清河趙騰上言災變譏刺朝廷章下有司收騰繫考所引黨輩

八十餘人皆以誹謗當伏重法皓上疏諫之

臣聞堯舜立敢諫之鼓三王樹誹謗之木春秋採善書惡聖主不罪芻蕘騰等雖干上犯法所言本欲盡忠正諫如當誅戮天下杜口塞諫爭之源非所以昭德示後也帝乃悟減騰死

罷一等

李夔書

臣聞仁義興則道德昌道德昌則政化明政化明而百姓寧伏見故處士种放淳和達理耽悅詩書富貴不能回其慮萬物不能擾其心禀命

不永奄有殂殞若不盤桓難進等輩皆已公卿矣昔先聖沒有加贈之典周禮盛德有銘誄之文而岱生無印綬之榮卒無官謚之號雖未建忠効用而爲聖恩所拔遐迩其瞻宜有異賞朝廷竟不能從

奏記

龐參 四年羌寇轉兵費日廣且連年不登穀石萬餘參奏記於鄧騭

比年羌寇特困隴右供徭賦役為損日滋官負人債數十億萬今復募發百姓調取穀帛衒賣付物以應吏求外傷羌勇內困徵賦遂乃千里轉糧

遠給武都西郡塗路傾阻難勞百端疾行則鈔暴為害遲進則穀食稍損運糧散於曠野牛馬死於山澤縣官不足之輒貸於民民已窮矣將從誰求名救金城而實困三輔三輔既困還復為金城之禍矣參前數言

宜棄西城[域]乃爲西州士大夫所笑今苟貪不毛之地營恤不使之民暴軍伊吾之野以虜[慮]三族之外果破梁州禍亂至今夫拓境不寧無益於疆多田不耕何救飢饉故善爲國者務懷其內不求外利務富其民不貪廣土

三輔山原曠遠民庶稀踈故縣邱城可居者多今宜徙邊郡不能自存者入居諸陵田戍故縣孤城絶郡以權徙之轉運遠費衆而近之徭役煩數休而息之此善之善者也隨及公卿以國用不足欲從參議衆多不

同乃止拜參為漢陽太守

陵恭疏順帝時以為太尉録尚書事是時三公之中參名忠直數為左右所陥毀以所舉用忤帝旨司隷承風案之時當會茂才孝廉參以被奏稱疾不得會上計掾廣漢陵恭因會上疏

伏見道路行人農夫織婦皆曰太尉龐參竭忠盡節徒以直道不能曲心孤

立羣邪之間自處中傷之地臣猶冀在陛下之世當蒙安全而復以讒佞傷毀忠正此天地之大禁人主之至誡昔白起賜死諸侯酌酒相賀季子来歸魯人喜其紓難夫國以賢化君以忠安今天下咸欣陛下有此忠賢

願卒寵任以安社稷

第五倫疏字伯魚京兆長陵人也倫雖峭直然常疾俗吏苛刻及爲三公值帝長者屢有善政乃上疏

陛下即位躬天然之德體晏安之姿以寬洪臨下出入四年前歲誅刺史二千石貪殘者六人斯皆明聖所鑒

非羣下所及然詔書每下寬和而政
急不解務存節儉而奢侈不止者
咎在俗敝羣下不稱故也光武承王
莽之餘頗以嚴猛為政後代因之遂成
風化郡國所舉類多辦職俗吏殊
未有寬博之選以應上求者也陳留

令劉豫冠軍令駟協並以刻薄之
姿臨人宰邑專念掠殺務為嚴苦
吏民愁怨莫不疾之而今之議者反
以為能違天心失經義誠不可不慎
也非徒應坐劉豫協亦當宜譴舉
者務進仁賢以任時政不過數人則

風俗自亡矣臣嘗讀書記知秦以酷急亡國又目見王莽亦以苛法自滅故勤勤懇懇實在於此又聞諸王主貴戚驕奢踰制京師尚然何以示遠故曰其身不正雖令不行以身教者從以言教者訟夫陰陽和歲乃豐君

臣同心化乃成也其刺史太守以下拜除京師及道出洛陽者宜皆召見可因愽問四方兼以觀察其人諸上書言事有不合者可但放歸田里不宜過加喜怒以明在寬臣愚不足採

變異疏

鍾離意

伏惟陛下躬行孝道脩明經術郊祀天地畏敬鬼神憂恤黎元勞心不怠而天氣未和日月不明水泉涌溢寒暑違節者咎在羣臣不能宣化理職而以苛刻為俗吏殺良人繼踵不

絶百官無相親之心吏人無雍雍之志至於骨肉相殘毒害彌深感逆和氣以致天災百姓可以德勝難以力服先王要道民用和睦故能致天下和平災害不生禍亂不作鹿鳴之詩必言宴樂者以人神之心洽然後天氣和也顧

陛下垂聖德攬萬機詔有司慎人命緩刑罰順時氣以調陰陽垂之無極

過恩疏

宋意

南陽安衆人也建初中徵爲尚書肅宗性寬仁而親親之恩篤故叔父濟南中山二王每數入朝特加恩寵及諸昆弟並留京師不遣歸國

意以為人臣有節不
宜踰禮過恩乃上疏

諫曰陛下至孝烝烝恩愛隆深以濟南王康中山王焉先帝昆弟特蒙禮寵聖情戀戀不忍遠離比年朝見久留京師崇以叔父之尊同人家人之禮車入殿門即席不拜分甘

損膳賞賜優渥昔周公懷聖人之
德有致太平之功然後王曰叔父加以
錫幣今康焉章以支庶享食大國
陛下即位蠲除前過還所削黜衍
食它縣男女少長並受爵邑恩寵踰
制禮敬過度春秋之義諸父昆弟

無所不臣所以尊尊卑卑彊榦弱枝
者也陛下德業隆盛當爲萬世典
法不宜以私恩損上下之序失君臣之
正又西平王羨等六王皆妻子成家官
屬備具當早就藩國爲子孫基址
而室第相望久盤京邑婚姻之盛過

於本朝僕馬之衆充塞城郭驕奢僭擬寵祿隆過今諸國之封並皆膏腴風氣平調道路夷近朝聘有期行来不難宜割情不忍以義斷發遣康馬各歸蕃國令羨等速就便時以塞衆望帝納之

改苛俗疏

陳寵 字昭公沛國洨人也肅宗初為尚書是時承永平故事吏政尚嚴切尚書決事率近於重寵以帝新即位宜改前世苛俗乃上疏

臣聞先王之政賞不僭刑不濫與其不得已寧僭不濫故唐堯著典眚災肆赦周公作戒勿誤庶獄伯夷之

典惟敬五刑以成三德由此言之聖賢之政以刑罰為首往者斷獄嚴明所以威懲姦慝姦慝既平必宜濟之以寬陛下即位率由此義數詔羣僚弘崇晏晏而有司執事未悉奉承典刑用法猶尚深刻斷獄者急於篣

格酷烈之痛執憲者煩於詆欺放
濫之文或因公行私逞縱威福夫為政
猶張琴瑟大絃急者小絃絕故子貢
非臧孫之猛法而美鄭喬之仁政詩
云不剛不柔布政優優方今聖德充
塞假于上下宜隆先王之道蕩滌煩

苛之法輕薄箠楚以濟羣生全廣至德以奉天心帝敬納寵言每事務於寬厚其後遂詔有司絕鉆鑽諸慘酷之科

## 災變疏

陳忠 時三府任輕機事專委尚書而災眚變咎輒切免公台忠以為非國舊禮上疏

臣聞君使臣以禮臣事君以忠故三公稱曰冢宰王者待以殊禮在輿為下御坐為起入則參對而議政事出則監察而董是非漢典舊事丞相所請靡有不聽今之三公雖當其名而無其實選舉誅賞一由尚書尚

書見任重於三公陵遲以來其漸久矣臣忠心常獨不安是故臨事戰懼不敢穴見有所興造又不敢希意同僚以謬平典而謗讟日聞罪足萬死近以地震策免司空陳褎今者災異復欲切讓三公昔孝成皇帝以妖

星守之移咎丞相使賁麗納説方進
方進自引卒不蒙上天之福徒乖宗
景之誠故知是非之分較然有歸矣
又尚書決事多違故典罪法無例詆
欺爲先文慘言醜有乖章憲宜責
求其意割而勿聽上順國典下防威

福置方員於規矩審輕重於衡石

誠國家之典萬世之法也

上封事

爰延 字季平陳留外黃人也徵拜大鴻臚帝以延儒生常特宴見時太史令上言客星經帝坐密以問延延因上封事

臣聞天子尊無爲上故天以爲子位臨

臣庶威重四海動靜以禮則星辰順
序意有邪僻則咎度錯違陛下以
河南尹鄧萬有龍潛之舊封爲通
侯因重公卿惠豐宗室加頃引見與
之對博上下媟黷有虧尊嚴臣聞
之帝左右者所以咨政德也故周公戒

成王曰其朋其朋言慎所與也昔宋閔公與彊臣共博列婦人於側積此無禮以致大災武帝與倖臣李延年韓嫣同卧起尊爵重賜情欲無厭遂生驕淫之心行不義之事卒延年被戮嫣伏其辜夫愛之則不覺其過

惡之則不知其善所以人事多放濫物
情生怨故王者賞人必酬其功爵人
必甄（明也）其德善人同處則日聞嘉
訓惡人從遊則日生邪情孔子曰益者
三友損者三友邪臣惑君亂妾危主
以非所言則悅於耳以非所行則翫於

目故令人君不能遠之仲尼曰惟女子與小人為難養近之則不孫遠之則怨蓋聖人之明戒也昔光武皇帝與嚴光俱寢上天之異其夕即見夫以光武之聖德嚴光之高賢君臣合道尚降此變豈況陛下今所親幸

以賤為貴以卑為尊哉惟陛下遠讒諛之人納謇謇（音蹇吃也）之士除左右之權悟宦官之敝使積善日熙佞惡消殄則乾災可除帝省

賞賜過制奏記

何敞 字文高扶風平陵人也肅宗崩時竇氏專政外戚奢侈賞賜過制倉帑為虛

曰敞聞事君之義進思盡忠退思補過歷觀世主時臣無不各欲爲化垂之無窮然而平和之政萬一者蓋以聖主賢臣不能相遭故也今國家秉聰明之知道明公履晏晏之純德君臣相合天下翕然治平之化有望於今

孔子曰如有用我者三年有成今明
公視事出入再暮當克己以酬四海
之心禮一穀不升則損服徹膳天下不
足若己使然而比年水旱人不收穫
涼州緣邊家被凶害男子疲於戰
陳妻女勞於轉運老幼孤寡歎息

相依又中州内郡公私屈竭此實損
膳節用之時國恩覆載賞賚過度
但聞臘賜自郎官以上公卿王侯以
下至於空竭帑藏損耗國資尋公
家之用皆百姓之力明君賜賚宜有
品制忠臣受賞亦應有度是以夏

禹玄圭周公東帛今明公位尊任重
責深負大上當匡正綱紀下當濟安
元元豈但空空無違而已哉宜先正
己以率羣下不還所得賜因陳得失奏
王侯就國除苑囿之禁節省浮費賑
卹窮孤則恩澤下暢黎庶悅豫上

天聰明必存立應使百姓歌誦史官紀德豈但子文逃祿公儀退食之比哉

上封事

蔡邕

臣伏惟陛下聖德九[允]明深悼災咎褒

臣末學特垂訪及非臣鏤蟻所能堪
副斯誠輸寫肝膽出命之秋豈可
以顧患避害使陛下不聞至戒哉臣
伏思諸異皆亡國之怪也天於大漢殷
勤不已故屢出祅變以當譴責欲令
人君感悟改危即安今災眚之發不

三三四

於它所遠則門垣近則寺署其為監戒可謂至切覩隨雞化皆婦人干政之所致也前者乳母趙嬈貴重天下生則貲藏侔於天府死則丘墓踰於園陵兩子受封兄弟典郡續以承樂門吏霍玉依阻城杜又為姦邪令

者道路紛〻復云有程大人者察其
風聲將爲國患宜爲隄防明設禁
令深惟趙霍以爲至戒令聖意勤〻
思明邪正而聞太尉張顥爲玉所進
光祿勳姓璋有名貪濁又長水校
尉趙玹屯騎校尉蓋升並叨時幸

榮寵優之宜念小人在位之咎退思
引身避賢之福伏見廷尉郭禧純
厚老成光祿大夫橋玄聰達方直
故太尉劉寵忠實守正並宜為謀
主數見訪問夫宰相大臣君之四
體委任責成優劣已分不宜聽納

小吏雕琢大臣也又上方工技之作
鴻都篇賦之文可且消息以示惟
憂詩云畏天之怒不敢戲豫天戒
誠不可戲也宰府孝廉士之高選
近者以辟召不慎切責三公而今並
以一文超取選舉開請託之門違明

王之典衆心不厭莫之敢言臣願陛
下忍而絶之思惟萬機以荅天望
聖朝既自約厲左右近臣亦宜從
化人自抑損以塞咎戒則天道虧滿
鬼神福謙矣臣以愚贛感激忘身
敢觸忌諱手書具對夫君臣不密

上下有漏言之戒下有失身之禍願寑臣表無使盡忠之吏受怨姦仇章奏帝覽而歎息

禁制貴戚書

蔡茂

字子禮河内懷人也拜議郎再遷廣漢太守有政績稱時陰氏賓客在郡界多犯吏禁茂輒糾案無所回避會洛陽令董宣舉糾

湖陽公主帝姊怒收宣既而赦之茂喜宣剛正欲令朝廷禁制貴戚乃

上書

臣聞興化致教必由進善康國寧人莫大理惡陛下聖德係興再隆大命即位以來四海晏然誠宜夙興夜寐雖休勿休然頃者貴戚椒房之家

數因恩埶干犯吏禁殺人不死傷人
不論臣恐繩墨棄[棄]而不用斧斤廢[廢]而
不舉近湖陽公主奴殺人西市而與
[主共輿]出入宫省逋罪積日寃魂不報洛陽
令董宣直道不顧干主討姦陛下
不先澄審召欲加箠當宣受怨之

初京師側耳及其蒙宥天下拭目令者外戚憍逸賓客放濫宜勅有司案理姦罪使執平之吏承申其用以厭遠近不緝之情光武納之

諫苛吏疏

韋彪

臣聞政化之本必順陰陽伏見立夏以來當暑而寒殆以刑罰刻急郡國不奉時令之所致也農人急於務而苛吏奪其時賦發充常調而貪吏剝其財此其巨患也夫欲急人所務當先除其所患天下樞要在於

尚書尚書之選豈可不重而間者多從郎官超升此位雖曉習文法長於應對然察察小慧類無大能宜簡嘗歷州宰素有名者雖進退舒遲時有不逮然端心向公奉職周密宜鑒嗇夫捷急之對深思

絳侯木訥之功也往時楚獄大起故置令史以助郎職而類多小人好爲姦利今者務簡可皆停省又諫議之職應用公直之士通才謇正有補益於朝者今或從徵試輩爲大夫又御史外遷動據州郡並宜清選

其任責以言績其二千石視事雖久而爲吏民所便安者宜增秩重賞勿妄遷徙惟留聖心書奏帝納之

## 仁孝論

延篤 字叔堅南陽犨人也恒帝以博士徵拜議郎又徙京兆尹篤以病免歸教授家巷時人或疑仁孝前後之證篤乃論之

觀夫仁孝之辭紛然異端互引典文
代取事據可謂萬論矣夫人二致
同源總率百行非復銖兩輕重必
定前後之數也而如欲分其大較體
而名之則孝在事親仁施品物則
施物
功濟於時事親則德歸於己於己

則事寡濟時則功多推此以言仁則遠矣然物有由微而著事有由隱而章近取諸身則耳有聽受之用目有察見之明足之有致達之勞手有飾衛之功功雖顯外本之者心也遠取諸物則草木之生始於萌芽

終於彌蔓枝葉扶疎榮華紛縟末雖繁蔚致之者根也夫仁人之有孝猶四體之有心腹枝葉之有根本也聖人知之故曰夫孝天之經也地之義也人之行也君子務本本立而道生孝弟也者其爲仁之本與然體大

難備物性好偏故所施不同事少
兩兼者也如必對其優劣則仁以
枝葉扶疎為大孝以心體本根為
先可無訟也或謂先孝後仁非仲
尼序回參之意蓋以為仁孝同質
而生純體之者則互以為稱虞舜顏回

是也若偏而體之則各有其目公劉曾參是也夫曾閔以孝悌為至德管仲以九合為仁功未有論德不先回參考功不大夷吾以此而言各從其稱者也

申鑒篇

荀悦

字仲豫儉之子也獻帝頗好文學悅与彧及少府孔融侍講禁中旦夕談論累遷祕書監侍中時政移曹氏天子恭己而已悅志方在獻替而謀無所用乃作申鑒五篇

其大略曰夫道之本仁義而已矣五典以經之羣籍以緯之詠之歌之弦之舞之前鑒既明後復申之故古之聖王

其於仁義也申重而已致政之術先屛四患乃崇五政一曰僞二曰私三曰放四曰奢僞亂俗私壞法放越軌奢敗制四者不除則政未由行矣夫俗亂則道荒雖天地不得保其性矣法壞則世傾雖人主不得守其

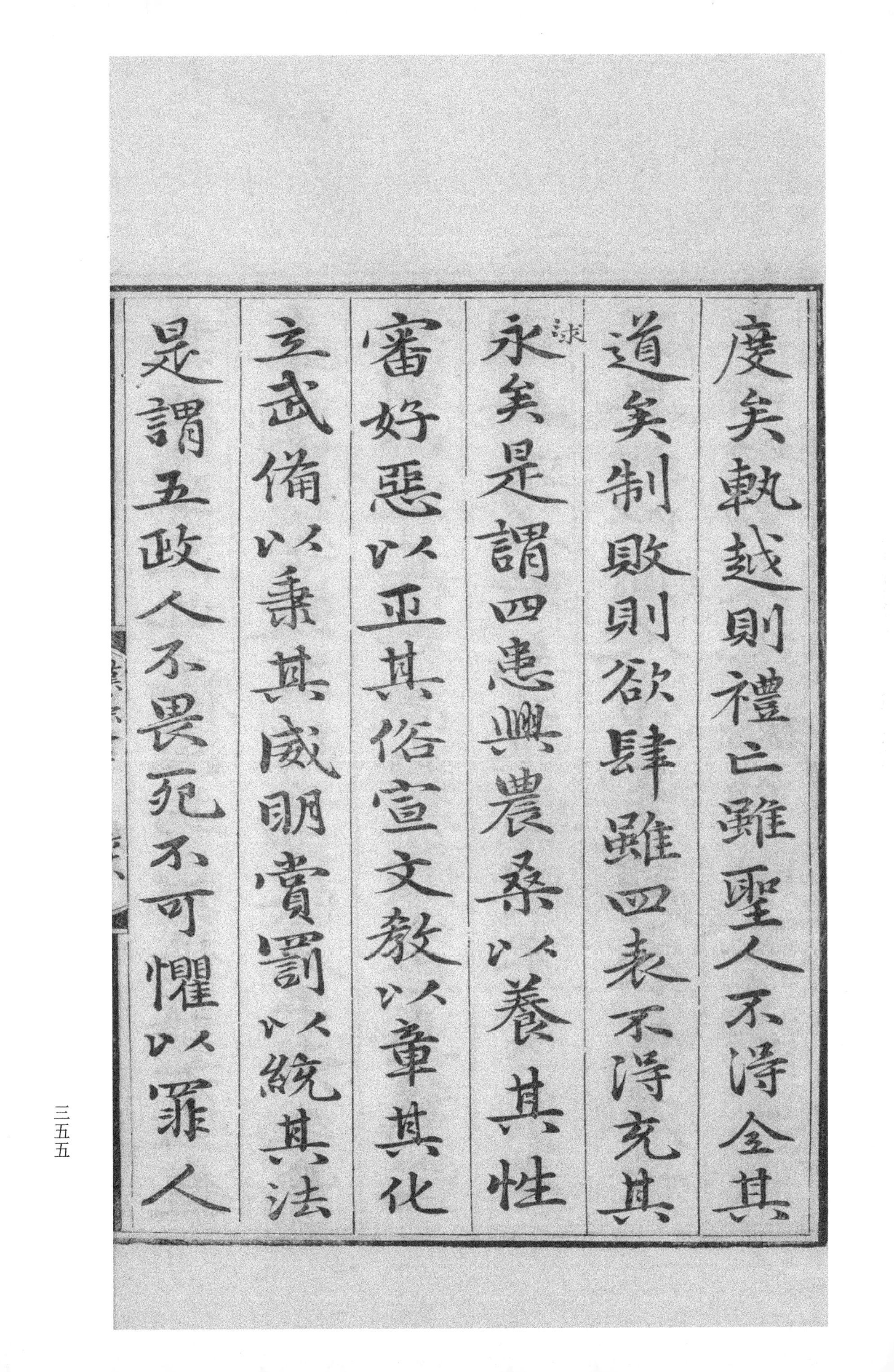

度矣執越則禮亡雖聖人不得全其
道矣制敗則欲肆雖四表不得充其
永矣是謂四患興農桑以養其性
審好惡以正其俗宣文教以章其化
立武備以秉其威明賞罰以統其法
是謂五政人不畏死不可懼以罪人

不樂生不可勸以善雖使契布五教皋陶作士政不行焉故在上者先豐人財以定其志帝耕籍田后桑蠶宮國無遊人野無荒業財不賈用力不妄加以周人事是謂養生君子之所以動天地應神明正萬物而成

王化者必乎真定而已故在上者審定之好醜焉善惡要乎功罪毁譽効於準驗聽言責事舉名察實無惑詐僞以蕩衆心故事無不覈物無不切善無不顯惡無不章俗無姦怪民無淫風百姓上下覩利害之存

乎己也故肅恭其心慎脩其行內不回惑外無異望則民平矣是謂亞俗君子以情用小人以刑用榮辱者賞罰之精華也故禮教榮辱以加君子化其情也桎梏鞭撲以加小人化其刑也君子不犯辱況於刑乎小人不

忌刑況於辱乎若教化之廢推中人而墜於小人之域教化之行引中人而納於君子之塗是謂章化小人之情緩則驕驕則恣恣則怨怨則叛危則謀亂安則思欲非威强無以懲之故在上者必有武備以戒不

虞以遏寇虐安居則寄之內政有事則用之軍旅於是謂秉威賞罰政之柄也明賞必罰審信慎令賞以勸善罰以懲惡人主不妄賞非徒愛其財也賞妄行則善不勸矣不妄罰非矜其人也罰妄行則惡不懲矣

賞不勸謂之止善罰不懲謂之縱惡在上者能不止下爲善不縱下爲惡則國法立矣是謂統法四患既蠲五政又立行之以謀守之以固簡而不怠疏而不失無爲爲之使自施之無事事之使自交之不肅而成不嚴而化垂拱

揖讓而海内平矣是謂爲政之方又言尚主之制非古釐降二女陶唐之典歸妹元吉帝乙之訓王姬歸齊宗周之禮以陰乘陽違天以婦乘夫違人違天不祥違人不義又古者天子諸侯有事必告于廟朝有二史左史記

言右史書事事為春秋言為尚書君舉必記善惡成敗無不存焉下及士庶苟有茂異咸在載籍或欲顯而不得或欲隱而名章得失一朝而榮辱千載善人勸焉淫人懼焉宜於今者備置史官掌其典文紀其

行事每於歲盡舉之尚書以助賞罰以弘法教帝覽而善之

極諫疏

陳蕃九年李膺等以黨事下獄考實

臣聞賢明之君委心輔佐亡國之主諱聞直辭故湯武雖聖而興於伊

呂桀紂迷惑亡在失人由此言之君為元首臣為股肱同體相須共成美惡者也伏見前司隸校尉李膺大僕杜密太尉掾范滂等正身無玷死心社稷以忠忤旨橫加考案或禁錮閉隔或死徙非所杜塞天下之口聾

盲一世之人與秦焚書坑儒何以爲異昔武王克殷表閭封墓今陛下臨政先誅忠賢遇善何薄待惡何優夫讒人似實巧言如簧使聽之者惑視之者昏夫吉凶之効存乎識善成敗之機在於察言人君者攝天地之政

秉四海之維舉動不可以違聖法進
退不可以離道䂓謬言出口則亂及
八方何況髡無罪於獄殺無罪於市
乎昔禹巡狩蒼梧見市殺人下車而
哭之曰萬方有罪在予一人故其興也
勃焉又青徐炎旱五穀損傷民物

流遷茹藪不已而宮女積於房掖國用盡於羅紈外戚私門貪財受賂所謂祿去公室政在大夫昔春秋之末周德衰微數十年間無復災眚者天所棄也天之於漢悢悢無已故殷勤示變以悟陛下除妖去孽實在脩

德臣位列台司憂責深重不敢尸祿

惜生坐觀成敗如蒙採錄使身首

分裂異門而出所不恨也

兩漢纂要卷之十二 終